나를 가장 빛나게
만드는 사람은
나 자신뿐이다

나를 가장 빛나게 만드는 사람은 나 자신뿐이다

초판 1쇄 2020년 12월 15일

지은이 대니리 | **펴낸이** 송영화 | **펴낸곳** 굿웰스북스 | **총괄** 임종익

등록 제 2020-000123호 | **주소** 서울시 마포구 양화로 133 서교타워 711호

전화 02) 322-7803 | **팩스** 02) 6007-1845 | **이메일** gwbooks@hanmail.net

© 대니리, 굿웰스북스 2020, *Printed in Korea*.

ISBN 979-11-972282-6-1 03190 | 값 **15,000원**

나를 가장 빛나게 만드는 사람은
나 자신뿐이다

대니 리 지음

굿웰스북스

행복은 내가 선택하는 것이다

세상은 나에게 열린 도화지와 같다.
거기에 어떤 글을 쓸지, 어떤 그림을 그릴지는
전적으로 나의 몫이다.

남들은 은퇴할 나이에 늦게 책을 쓰기 시작했다. 그리고 이번 3번 째(공저 포함) 책을 준비하면서는 과연 나의 어떤 모습을 이야기해볼 수 있을까 여러모로 생각해보았다. 그동안 살아온 이야기야 당연히 물론 많을 수밖에 없겠지만 무엇보다 먼저 나를 좀 더 조명해보고 싶은 마음이 들었다.

한국이라는 유독 심한 입시 사회를 거친 필자로서는 이로 인한 마음의 짐이 어릴 때부터 내면에 깊이 자리 잡고 있었다. 한 번도 지원한 학교에서 공부해보지 못했다. 나는 그런 서운함을 학교를 마친 후에도 오랫동안 끈질기게 붙들고 있었다.

이 일로 인해 형성된 사고는 그 이후의 사회생활에도 영향을 미치고 인간관계에도 많은 영향을 미쳤을 것임이 틀림이 없다. 남한테 밀리고 싶지 않다, 실수하는 모습을 보이면 안 된다, 남한테 험담을 듣고 싶지 않다 등으로 나 자신을 밀어붙였던 시간이 너무 길었다.

이번 책을 준비하면서 바로 이 문제를 짚어보고 싶었다. 그리고 나 자신과도 화해하고 싶었다. 그렇지만 이 문제는 비단 나한테만 국한된 것은 아닐 것이다. 당당하게 살 자격이 있음에도 우리는 어떤 제한된 규격에 자신들을 밀어넣고 압력을 가하는 일이 다반사인 사회 시스템에 갇혀 있다.

"우리 앨범 도입부 가운데 '내 심장은 아홉 살, 열 살쯤 멈췄다.'라는 가사가 있습니다. 돌이켜보면 그때부터 다른 사람들이 나를 어떻게 생각할지 걱정하기 시작했고, 타인의 시각으로 나를 보기 시작했습니다."

BTS의 리더 RM(김남준)이 UN에서 한 연설문에 있는 내용이다. 이런 어린 나이에서부터 나의 시선이 아닌 남의 시선을 의식하고 살아야 한다면 온전한 자아의 모습으로 사는 건 정말 어려울 것이다.

그래서 이 문제를 나름대로 풀어보고 싶었다. 사람들의 마음 밑바닥에서 잡아당기고 있는 문제점들을 하나씩 끄집어 올려놓고 그게 얼마나 허

황한 것들인지 따져보고 싶었다. 그러고 나서는 우리가 얼마나 빛나는 존재인가를 우리 자신의 입으로 말하게 하고 싶었다.

우리 스스로는 적당히 즐겁게도, 행복하게도 살 수 있는 자격이 있다. 이만큼 살아놓고 보니 사회가 요구하는 어떤 규격이나 시스템도 어느 하나 우리 자신보다 더 중요한 게 없다. 오직 나 자신이 나를 인정하면 충분한 일이다.

당연히 부족한 책이겠지만 살아본 사람으로서 먼저 겪어본 일들을 독자분들과 나눠보려 했다. 그래서 지금부터라도 나와 같은 시행착오를 거치지 않았으면 하는 바람으로 이 책을 준비했다. 읽는 모든 분의 행운을 빈다.

이 책을 준비하면서 전반적인 내용을 함께 상의하고 또 지원해주신 〈한국책쓰기1인창업코칭협회〉의 김태광 대표 코치님께 깊은 감사를 표한다. 자신이 평생 몸으로 배운 책 쓰기 방법을 이번에도 따뜻한 격려와 함께 가장 효율적으로 내게 코치해주셨다. 역시 그는 최고의 코치이심이 틀림없다. 그리고 미세한 지침으로 도와주신 정소장 수석코치님에게도 아울러 감사를 표한다.

나를 가장 빛나게 만드는 사람은 나 자신뿐이다

그리고 이 책이 빛을 보도록 선정해주시고 모든 도움을 주신 굿웰스북스의 임종익 본부장님과 이다경 팀장 및 여러분께 감사의 말씀을 전하고 싶다.

가장 가까운 나의 친구이자 동갑내기 말띠 아내는 이번에도 꼼꼼히 원고를 읽고 내용이 보완되도록 많은 도움을 주었다. 아내의 격려가 없었으면 이루어질 수 없는 일들이었다. 또 한국의 출판사와 일하는 동안 세세히 도와준 동생 미희 그리고 첫 책이 나오고 나서 많은 축하와 격려를 해준 딸 민지와 아들 정현이, 그리고 동료와 페이스북 친구분들께도 이 자리를 빌려 깊은 인사를 전한다.

2020년 12월
대니 리

7

목차

1장 기준은 세상이 아닌 내가 정하는 것이다

2장   쉽게 포기하는 것도 습관이다

3장   타인과의 비교는 불행의 시작이다

4장 세상에 희생당하지 않기 위한 8가지 전략

5장   나를 가장 빛나게 만드는 사람은 나 자신뿐이다

기준은 세상이 아닌
내가 정하는 것이다

완벽하지 않아도 괜찮다

/

"멋진 인생을 사는 사람의 사고법은
항상 긍정적이기 마련이다."
— 이나모리 가즈오 (기업인)

첫 스피치의 실패 경험

고교 시절 교외 써클 활동으로 '흥사단'에 다닌 적이 있다. 학교 선배의
강력한 추천으로 나가게 되었는데 내겐 교회 밖에서는 처음 가져본 활동
이었다. 당시 내가 다니던 학교는 후기 시험으로 들어간 학교였다.

전기 고등학교에 낙방하고 나는 후기 시험을 치러 이 학교에 입학했
다. 후에 시험을 통한 입학 전형이 없어지고 나서 우리 학교는 내로라하
는 인재들을 배출시키는 그야말로 일류 명문이 되었다.

당시 후기 시험으로 들어간 학교의 내 입학 성적은 이과 차석이었다.

전혀 나쁘지 않은 성적이었다. 그렇지만 나의 자존감은 바닥이었다. 난 스스로 '이류'라고 생각하고 있었다.

이렇게 낮은 자존감을 느끼고 있던 나를 흥사단으로 데려간 선배는 정신력이 그야말로 무쇠 같았던 사람이었다. 그 선배는 아카데미에서 회장으로 활발히 활동하면서도 인근의 '일류' 및 모든 학교의 대표들을 이끌던 재미있는 선배였다.

이 아카데미에선 매주 모임마다 '5분 스피치'라는 시간이 있었다. 회원들이 돌아가면서 자기의 일상이나 주어진 주제를 5분간 발표하는 기회를 얻었다. 나름대로 회원들의 발표력을 훈련하는 과정이었다. 어느 날 나에게도 그 기회가 닥치게 되었다. 선배는 큰 걱정에 빠진 내게 사람들 앞에서 말하는 법을 자세히 알려주었다. 그런데 막상 문제는 원고였다. 도대체 5분이면 어느 정도의 분량을 준비해야 하는지 전혀 아이디어가 없었다. 꽤 많이 써놓고 엄청난 연습을 한 기억이 있다. 남들이 하는 스피치를 들을 땐 별것 없는 5분으로 들렸는데 나한텐 왜 그리 힘들었는지 모른다.

드디어 발표날, 후들거리는 다리로 단상에 서기는 했는데 도대체 무슨 말을 했는지 하나도 기억이 없다. 한 가지 분명한 건 5분을 못 채웠다는 사실이다. 2분이나 했을까? 양은 많았지만 내가 흥분하면 말이 엄청나게 빨라지는 걸 나도 그때까지는 몰랐었다. 진행했던 회장이 우스갯소리로 대충 마무리하던 것만 기억난다.

끝나고 선배나 몇몇 회원들이 다가와 위로를 해주었지만 난 그저 얼굴을 못 들 뿐이었다. 다들 처음엔 그런 거고 스피치 능력을 키우는 연습 시간이니까 괜찮다. 아무도 완벽하지 않다 말해주었지만 난 또다시 스스로 '이류'임을 증명하는 시간이 되고 말았다는 생각밖에 없었다. 그 후에도 이를 기억하는 사람은 아무도 없었지만, 이 사건은 나에겐 트라우마로 남았다. 몇십 년이 지난 지금까지도 그때의 느낌을 기억하고 있다. 한참 감수성 예민하던 나이에 이 경험은 긍정보다는 부정으로 내 안에 깊이 자리 잡고 있었다.

첫 직장에서의 경험들

대학을 졸업하고 들어간 직장에선 처음부터 무시를 당했다고 느꼈다. 입사 시에 나의 면접을 담당했던 면접관으로부터 내가 다니던 학교 출신으로는 내가 처음 입사하는 것이니만큼 앞으로 잘해달라는 당부를 들었다. 그때 난 속으로 '별사람 다 있군!' 하고 생각을 했었다.

당시도 취업이 어려웠던 터라 취직에 꽤 많은 신경을 써야 했다. 내가 살던 곳에서 그 회사는 꽤 좋은 회사로 알려졌다. 그러나 막상 입사 처음부터 그런 이야기를 들으니까 입사고 뭐고 상당히 자존심이 상했다. 그리고 그의 말이 내내 깊게 남아 있었다. 꽤 소심했던 시절이었다.

그래서 작은 실수 하나라도 흠 안 잡히려고 무던히 애쓴 기억이 있다. 그 덕분이었는지는 몰라도 여러 프로젝트를 수행하면서도 상당히 긍정적인 평가를 받았었다. 그래서 입사 동기들은 한 번도 못 가는 해외 연수를 특별히 두 번씩이나 다녀올 기회를 얻기도 했었다. 당시로서는 파격적인 기회였다. 그럴 뿐만 아니라 후에 대학원에도 진학해 일주일에 하루씩은 학교에 나가 수업을 받을 수 있는, 남들은 생각도 못 할 특전도 누렸다.

첫 직장에서의 8년간은 그렇게 나의 이미지를 전투적으로 굳혀갔다. 맡은 부서의 시험 운전도, 표준화도, 공정 관리도 꼼꼼하게 잘 수행해냈고 따라서 긍정적인 평가도 따라다녔다. 어떤 기안을 하나 하면 기획서에 찍히는 결재 도장의 수가 훈장의 즐거움처럼 생각되었다.

하지만 문제는 누가 나에 대해 좋지 않은 이야기하는 걸 혹시라도 듣게 되면 그게 몹시 신경이 쓰이곤 했다. 자존심도 몹시 상했다. 누구에게든지 당연히 있을 수 있는 일인데도 그걸 못 견뎌 했었다. 그렇다고 남한테 대놓고 대드는 성격은 못 되어서 그냥 혼자 삭이는 수밖에는 없었다.

그때는 그렇게 기분 상하는 현상이 지극히 당연하고 오히려 엔지니어의 자존심으로 생각되기도 했었지만, 막상 그런 일이 있게 되는 날은 서운함으로 밤잠 설치는 날도 많았다. 그러다가 분을 삭이지 못하는 날의 다음 날은 두통이 심했다. 지금 기억으로도 당시에는 독한 두통약을 거의 달고 살았었다.

지금껏 난 자신에게 꽤 엄중히 주문하며 살았다. 제일 신경을 쓴 것이 남에게 무시당하지 않는 일이었다. 그래서 매사에 실수하지 않으려고 모든 노력을 다했다. 나의 제일 중요한 가치는 남들이 해주는 좋은 평가였던 것 같다.

비로소 나를 돌아보게 되다

언젠가 필자는 '감사하기'에 도전하였다. 그 이유는 내 직장의 모든 사람이 갑자기 나를 떠나버리는 일이 생겼기 때문이다. 그때의 파장으로 인해 그간 소홀했던 글쓰기를 다시 시작했다. 출근하면 달리 할 일이 없었다.

손에 닥치는 대로 책 한 권과 노트를 들고는 사무실을 나와 아는 사람이 없는 카페에 가거나 아니면 주위의 도서관으로 향했다. 그리고 누구에게도 풀어놓을 수 없었던 그 참담했던 마음들을 몇 시간씩 노트에 풀어놓곤 했다. 한번 한자리에 앉으면 몇 장이고 노트를 써 내려갔다. 도대체 어디에 문제가 있었을까를 스스로 자문하면서 스스로와 대화를 나눴다. 그렇게 책과 더불어 마음 챙김을 하면서 시간을 보냈다.

이때까지도 난 너무 나 자신을 몰랐다. 내 안에 남아 있는 '이류'라는 낮은 자존감이 이렇게까지 나를 몰아가고 있었음을 깨닫지 못했다. 그까짓 욕 좀 먹어도 괜찮은데 그걸 가슴에 담고 힘들어했다. 험담하는 상대가 그럴 만한 사람들이 아님에도 똑같은 비중을 두고 그걸 피하고 싶어 했고 그 불편한 느낌들을 나의 소중한 잠재의식에 차곡차곡 저장해두는 우를 범하면서 지금껏 살았다.

누구도 욕을 먹지 않고 사는 사람은 없었다. 그때까지도 나는 모든 사람은 칭찬만 받고 사는 줄 알았다. 그런데 난 유독 나한테만 완벽을 요구하다가 인생의 마무리를 해야 할 즈음에 모든 걸 잃고 다시 시작해야 하게 된 것이다.

그러면서 깨닫게 된 것은 그리 완벽하지 않아도 나는 괜찮다는 사실이었다. 나는 이미 평균 이상이었고 생각하기 따라서는 이미 많은 성취를 이룬 위치에 있었다. 단지 조금만 자신의 기준을 더 내릴 여유만 있으면 훨씬 더 좋은 삶을 누릴 수 있었다.

이때부터 80%만으로도 만족하는 규칙을 자신에게 적용하게 되었다. 영업 실적에도 항상 톱 실적을 요구하던 자신에게 "이대로도 괜찮아. 충분히 잘했어!"라며 나 자신을 스스로 다독이며 또한 날 품어 안는 것을 배우게 되었다.

나 자신을 객관적으로 보게 되면서부터 진짜 나 스스로가 괜찮아 보이기 시작했다. 비로소 나를 인정하는 걸 배우기 시작했다. 그리 완벽하지 않아도 충분히 잘할 수 있는 것을 알게 된 것이다. 이대로도 충분함을 알게 되었고 그때부터 회복의 길로 들어갈 수 있었다.

흔들리는 세상에서
흔들리지 않는 기준을 가져라

/

"당신 스스로가 하지 않으면 아무도 당신의 운명을
개선해주지 않을 것이다."
– 베르톨르 브레히트 (작가)

등산하면서 배운 교훈들

미 동부 애팔래치안 산맥(Appalachian Range)의 셰넌도어 국립 공원은 버지니아주의 블루리지 산맥(Blue Ridge Mountains)에 있어서 하나의 작은 천국과도 같다. 60개가 넘는 산봉우리, 100종이 넘는 나무와 셀 수 없이 많은 동물군 덕분에 이곳은 애팔래치안 산맥에서 가장 멋진 곳으로 손꼽힌다.

2009년부터 2014년까지 이곳을 6년간 산행을 했다. 매주 토요일이면 비가 오나 눈이 오나 교회의 몇 명 회원들과 함께 이곳을 찾았다. 2009

년 처음 산을 타기 시작할 즈음 나는 뉴욕라이프라는 보험사에서 파트너라는 직책으로 근무하고 있었다. 이때 나의 몸무게는 85kg이나 나갔다.

평상시 몸무게가 65kg 정도가 정상인데 이 회사에 근무하는 4년 동안 몸이 엄청나게 불어나 있었다. 내 생각에는 일에서 오는 스트레스가 주원인이었다. 업무에서 오는 중압감이 컸었다. 그러나 몸을 추스를 정신적인 여유가 없었다.

이래서는 안 되겠다 싶어 생각 끝에 회사를 옮기기로 했다. 마침 자리가 나는 새로운 회사가 있어서 의사결정은 비교적 쉬웠다. 비록 교민 사회에선 덜 알려진 회사지만 정신적으로 분위기를 바꿔보고 싶었다. 그리고 이와 더불어 신체적으로도 몸을 추스를 뭔가 한 가지는 해야 했다. 아내와 상의한 결과 등산을 다니기로 했다. 원래 나는 산을 다니던 사람은 아니었다. 그래서 많이 망설였지만 결혼 전에 산을 자주 탔던 아내의 권유로 산을 타기로 했다. 그때의 내 몸은 너무 좋지 않아 더는 미룰 수가 없는 상태였다.

처음에 산을 타면서 너무 힘이 들었다. 셰넌도어의 산길은 내게 전혀 친절하지 않았다. 매주 산행을 인도하던 리더는 짓궂게도 늘 힘든 곳을 골라서 데리고 다녔다. 처음에 따라다니던 두어 달의 산행은 정말 고통스러웠다. 남들과 보조를 전혀 맞출 수가 없었다.

그렇게 정말 멋진 곳을 다니면서도 경치를 볼 엄두가 나지 않았다. 경치가 전혀 눈에 들어오지 않았다. 그냥 어떻게 또 따라가지 하는 걱정뿐이었다.

하여튼 이렇게 쫓아다니면서 3개월쯤 지나고 나니까 조금씩 호흡이 따라붙기 시작했다. 그러고 나서는 팀과 걷기 보조도 맞아가기 시작했다. 그리고 다시 몇 달 뒤부터는 선두 그룹에서 앞서 나갈 정도가 되었다. 그저 꾸준히 다닌 게 그만큼 내 체력을 키워주게 된 것이다. 놀랄 만한 진보였다. 이 일은 내가 체력적으로 도전해본 최대의 노력이었다.

그렇게 6년간 산을 타면서 지켜본 세넌도어의 산들은 나에게 건강 외에 어떤 자신감을 심어주는 역할을 했다. 산을 오르락내리락 걷는 일은 나의 머리를 정화해주었을 뿐 아니라 어떤 심지를 심어주었다. 그리고 세상사의 이치도 가르쳐주었다.

예를 들면, 항상 힘들기만 한 길은 없다. 내리막길이 걷기 편하다고 꼭 몸에 좋은 것은 아니다. 정상에 올라야만 볼 수 있는 경치는 따로 있다. 그리고 모든 길에 있어 항상 올라갈 수만은 없는 법이다. 언젠가는 내려와야 한다. 나의 건강은 그런 오르락내리락의 조화에 따라 유지된다. 그리고 산만 타도 충분히 행복할 수 있는 것처럼 모든 것에는 그 자체만으로도 행복할 방법들이 얼마든지 존재한다.

어떤 힘든 산을 가더라도 호흡 조절 가능하게 걸을 수 있었고, 이 사실은 나에게 대단한 자신감으로 돌아왔다. 그런 자신감이 나만의 인생 기준을 세우고 지키는 일에 많은 도움이 되었다. 이런 경험은 새로 옮겨간 회사의 생활을 훨씬 수월하게 해내는 동력이 되어주었다.

굳이 누구에게 의견을 물을 필요 없이 의사결정을 해내는 습관도 생겼다. 그 결과 회사 내 내가 속한 그룹 중에서 전국 순위 상위 10위 안에 드는 실적도 유지할 수 있었다.

몸으로 배워 세우는 기준들

평상시의 나는 자신감이 별로 없다. 스스로 생각해도 소신이 별로 없었다. 그래서 늘 자신이 한심하다고 생각을 하곤 했었다. 나는 그것을 고칠 수 있는 것이라고 생각을 해본 적이 없었다. 회의 중에 누가 의견을 물어도 소신이 있는 대답을 못 해본 것 같다. 늘 내 생각보다는 남들이 뭐라고 하는지 그게 더 궁금했다. 괜히 의견을 냈다가 무시당하면 어쩌나 하는 염려가 항상 있었다.

나의 그런 소극성은 한국에서의 두 번째 직장인 미국계회사 '듀폰'에서 대폭 개선됐다. 그곳에선 한국 사람들이 회의 중에 하도 발표하지 않으니까 매번 미팅 시작 전에 회의 규칙을 정하곤 했다. 예를 들면, No talk, no brain!, 모든 참여자는 반드시 발표하기, 남의 의견 비판하기 없기, 시간 엄수하기 등등. 원만한 진행과 대책을 도출하기 위해 누구나 참여하여 아이디어를 발표하게 했다. 그리고 직급으로 남의 의견을 억누르는 걸 배제했다. 그러자 처음엔 입을 다물고 있던 사람들도 어쩔 수 없이 조금씩 의견이나 생각을 내놓기 시작했다.

그런데 정말 좋았던 건 모든 사람이 발표하는 내용을 벽에 모두 기록해 회의 결론을 맺을 때는 그 의견들 모두가 반영되는 요약을 함께 만든 것이다. 어느 누구도 제외되거나 무시되는 사람이 없었다. 나의 의견이 미팅에 이바지했다는 느낌은 꽤나 뿌듯했다.

이런 활동을 7년이나 하고 나니까 의식 상태가 많이 좋아졌다. 이로 인한 변화는 나의 이민 생활에 얼마나 도움이 되었는지 모른다. 매사에 나의 의견을 꼼꼼히 정리해서 피력하게 되는 습관이 생긴 것이다. 나중에 한국을 떠나 살게 되는 이민자로서의 모험을 하게 되지만 큰 두려움을 갖지 않았던 것도 사실이었다.

1996년도에 공부차 도착한 뉴질랜드는 정착 초기 과정이 무슨 다차 방

나를 가장 빛나게 만드는 사람은 나 자신뿐이다

정식을 푸는 것 같았다. 동시에 만족해야 할 근의 수가 너무 많았다. 매일 아침 우리는 데어리(Dairy)라고 불리는 우리가 운영하던 작은 동네의 편의점을 새벽 6시에 오픈해야 했다. 그리고 이 가게는 단 며칠만 제외하고 1년 내내 열어야만 했다. 아이들은 모두 어린데 학교까지 누군가가 매일 차로 데려가고 또 데려와야만 했다. 나도 매일 한 시간 정도 떨어진 학교에 다니며 수업을 받아야 했는데 아쉽게도 당시엔 차도 한 대밖에 없었다. 또 우리가 다 나가고 나면 그때부터는 영어가 어려운 아내가 혼자 종일 가게를 맡아 운영해야 했다.

가게를 하자고 결정할 때 책상에 앉아 미리 이 모든 예상되는 상황들을 적어봤다. 그리고 해결책을 궁리해보았다. 그런데 도무지 해결 방안이 나오지를 않았다. 그래서 마침내 우리가 생각해낸 일은 그냥 무조건 시작하면서 부딪히기로 한 것이었다. 곧 가게를 계약하고 문을 여는 것부터 진행했다. 그러자 정말 믿을 수 없는 일이 일어나게 되었다. 그렇게나 많던 문제들이 일주일도 채 지나기 전에 모두 다 사라지고 말았다.

이때 배운 교훈은 사전에 너무 문제의 답을 다 구하려 하지 말고 그냥 발을 들여 시작하는 게 중요하다는 점이었다. 어떤 해결책이 나올 때까지 시도하지 않던 일도 막상 시행하면 답이 스스로 도출될 수 있음을 알게 된 것이다.

1장_기준은 세상이 아닌 내가 정하는 것이다

이런 식으로 직장을 떠나 내 사업을 하면서 직접 배운 것들이 지금 나의 기준들이다. 이런 기준들은 책상 위에서는 도무지 알지 못하는 것들이다. 왜냐하면 두려움이라는 것이 얼마나 많은 허상으로 우리의 눈과 마음을 가리는지 알 수 없기 때문이다. 그런 두려움만 벗어날 수 있어도 너무나 많은 기회가 나의 앞에 있음을 겨우 알게 된 것이다.

조금만
자신의 기준을
더 내릴 여유만 있으면
훨씬 더 좋은
삶을 누릴 수 있다.

1장_기준은 세상이 아닌 내가 정하는 것이다

세상을 보는 관점을 바꿔라

/

> "당신이 할 수 있는 일, 하고 싶은 일, 꿈꾸는 일을 바로 지금 시작하라.
> 대담함 속에는 이미 많은 힘과 재능, 마법이 숨겨져 있다."
> — 요한 볼프강 괴테 (작가)

생전 처음 접해 본 영업의 세계

우리 가족은 2002년 3월에 미국에 도착했다. 안락했던 고국을 떠나 몇 나라를 거친 후의 마지막 종착지가 미국이었다. 이때 우리에게 가장 큰 이슈는 생존이었다. 한국에서 쌓았던 모든 학력과 경력을 뒤로하고 오게 된 미국은 그야말로 완전히 맨바닥이었다.

이에 50에 가까운 나이에 생존의 방편으로 선택한 길은, 평생 공부하고 쌓았던 분야와는 전혀 상관없는 바로 영업의 길이었다. 그것도 내게 가장 힘들다는 보험 영업이었다.

그동안 내가 대학/대학원에서 화학공학을 전공하고 지난 15년간 일했던 분야는 생산 현장이다. 안정된 공정이 유지되도록 관리하는 한편 계획대로 물량이 나오도록 생산 활동을 관리하는 일이다. 주어진 지침대로만 움직이면 되는 일이었다. 온종일 말 한마디 안 하고도 할 수 있는 일이었다.

그러다 이렇게 늦은 나이에 입문한 영업은 완전히 다른 세계였다. 매일 나가 사람을 찾아 만나야 했다. 영어도 시원찮고 아는 사람도 거의 없는 나라에서 보험 영업을 하겠다고 했을 때 사람들의 의아해하는 반응이 지금도 눈에 선하다.

모든 사람이 어렵다고 포기하는 것을 세상 물정 모르는 새로운 이민자가 와서 불쑥 하겠다니 불안하기도 하고 또 신기하기도 했을 것이다. 또 한편으로는 얼마나 버티나 보자 하는 마음도 있었을 듯하다.

미국에서 보험 영업을 하는 건 한국과는 그 환경이 상당히 다르지 않을까 생각한다. 우선 언어로 볼 때, 집중해야 하는 한국 교민 시장의 크기가 너무 작고 또 예상 고객들을 아무 때나 만날 수가 없는 환경 때문이다. 약속이 미리 잡혀 있지 않으면 아무 때나 찾아가 만나는 게 폐가 되는 사회이다. 모두의 삶이 나름대로 바빠서 심지어 자기 식구를 보고 싶어도 불쑥 찾아갈 수 없는 그런 곳이다.

1장_기준은 세상이 아닌 내가 정하는 것이다

영업이라고는 한 번도 해본 일이 없었던 나였지만 그 늦은 나이에 시작했어도 어떻게든 살아내고 싶었다. 이 일은 모든 사람이 힘들다고 달아나는 일이었지만 나는 그때 다른 선택의 여지가 없었다.

나의 가장 중요한 관점은 바로 이 낯선 땅에서 어떻게든 살아남는 일이었다. 그때 내가 붙든 건 바로 가장으로서의 가족을 돌봐야 한다는 책임감 하나였다. 그래서 그 일을 하겠다고 결정하던 날 저녁 시간에, 나는 가족들을 식탁에 불러놓고 내 결심을 알렸다. 그리고 시작한 이상 절대 포기하지 않겠다고 가족들에게 선언했다. 사실 이건 나도 힘들면 달아날까 봐 배수진을 친 것이었다.

이렇게 시작한 일이었지만 가장 짧은 시간에 매니저로 승진을 하게 되었고, 그로 인해 현장 영업의 일로부터 내가 가장 즐기는 타입의 일인 조직 관리로 바뀌게 되었다. 살아남겠다고 작정하자마자 환경이 그렇게 할 수 있도록 바뀌어버린 것이다.

한국의 직장에서 과거에 상당히 많은 성취감을 얻으며 일을 했지만, 미국에서 보험 일을 하면서 얻은 성취감이 꽤 컸다. 지금도 은퇴를 고려하고 싶지 않을 정도로 재미에 빠져 있기도 했다. 세상은 내가 보는 대로 열리는 게 맞다. 어떤 쪽으로 보겠다고 마음먹는 순간 그쪽 세상이 환하게 열리는 것이다.

난 그게 관점의 힘이라고 생각한다. 자칫하면 세상을 원망하고 탓하지만 그건 세상의 비밀을 모르기 때문이다. 모든 것은 바깥에서가 아니라 바로 나 자신의 내부에서 비롯되는 것이다. 나에게 주어진 어려움은 바로 이런 나의 관점들을 재고해야 하는 시점이 되었음을 알려주는 것이기 때문이다.

이대로도 괜찮아, 더 잘된 일인지도 몰라

나의 잘못으로 내가 과거 6년간 전력을 다해 쌓았던 팀을 모두 잃고 바닥부터 다시 출발해야 했던 그 어떤 날, 난 어디선가 "이대로도 괜찮다"라는 짧은 문장을 보게 되었다. 한참 낙담으로 전전긍긍하던 나에게 이 말은 호기심을 불러일으키기 충분했다. 알아보니 바로 사이토 히토리라는 사업가가 쓴 책에서 나온 말이었다. 그로 인해 그의 책들을 읽기 시작했는데 그 첫 책이 바로 『부자의 행동습관』이었다.

저자 사이토 히토리는 1948년 도쿄에서 출생해 화장품·건강식품을 판매하는 회사 긴자마루칸과 일본 한방연구소의 창업자로 일본에서 여러 해 연속 납세액 1위를 기록하고 있는 거부이다. 중학교 졸업이 학력 전부지만 일본 최고 부자이자 성공한 사업가로서 비밀스러운 모습을 유지한 채 여러 권의 책을 써 관심을 받고 있었다.

그는 목표를 '낮게' 잡아서라도 이기는 습관을 지니라고 이야기한다. '지는 습관'을 갖는 사람은 자신에게 자신감을 잃게 되고 그런 사람은 보통 실현 불가능한 목표를 세우고 그 성취하지 못함으로 인해 자신에게 죄책감을 씌우기 마련이라고 이야기했다.

또 사이토는 '실패도 성공'이라고 해석하는데 그런 관점이 몹시 흥미로웠다. 그가 보는 실패란 바로 그 일로 쌓게 되는 경험들 때문이었다. 힘들긴 하겠지만 실패로 인한 경험은 참된 경험일 수밖에 없겠다는 생각이 들었다.

학창 시절 심리학 개론 시간에 배웠던 '시행착오'가 기억났다. 뜨거운 물에 손을 직접 담가 데어본 사람은 확실히 그 느낌을 기억한다. 그래서 다시는 그런 일을 하지 않으려 한다. 몸으로 직접 겪어보는 것만큼 확실한 학습 방법은 없기 때문이다. 아마도 사이토는 그런 면에서의 경험을 말하는 듯하다. 이렇게 배우면 다신 그런 쓴 경험을 하지 않도록 필사의 노력을 다하기 마련일 것이다.

그는 자기 자신이 지는 것은 상대가 강해서가 아니라 바로 나 자신이 약해서 지는 것이라고 했다. 그리고 백 번을 지더라도 괜찮다고 한다. 한 번만 마지막에 이기면 된다고 강조한다. 그에게 있어서의 실패란 단지 과정일 뿐이다. 그리고 보면 난 아직 아주 실패한 것이 아니었다. 그저 더 큰 성공으로 가는 과정일 뿐이었다. 그의 이런 관점들은 나의 정신적 회복에 큰 도움을 주었다

   그가 권하는 마음의 주문 한마디를 여기 소개한다.

"행동하기 전에 여러분들이 실천했으면 하는 일이 있습니다. 바로 하루에 몇 차례, 자기 자신에게 '이대로도 괜찮아!'라고 말해주는 일입니다. … (중략) … '이대로도 좋아.', '애썼다.', '잘 살아왔어.' 하고 훌륭히 노력해 온 자신에게 칭찬하고 긍정하세요. 그러지 않으면 미래가 시작되지 않습니다."

                                           － 『부자의 행동습관』, 사이토 히토리

타인의 시선에서 벗어나라

/

"후회는 숨쉬는 것처럼 자연스러운 것이다.
활동하기 위해 밥을 먹는 것처럼 필요한 것이다."
– 사이토 히토리 (기업인)

.

어린 시절 낙방했던 경험들

입시에 낙방한 적이 많았던 나는 어릴 때부터 기가 죽어 살았다. 심지어 학교에 다니던 등하굣길마저 남들이 잘 안 보이는 뒷길로 멀리 돌아다니곤 했다. 이렇게 해서라도 세상의 눈에서 사라지고 싶었다.

어릴 때부터 쓸데없이 주위의 시선을 과도하게 의식했었다. 어느 사람도 내가 누구인지, 어느 학교에 다니는지 아무도 관심이 없었을 텐데 난 온 세상이 내가 낙방생이라고 손가락질하는 것 같았다. 아닌 말로 내가 설사 내가 원하는 좋은 학교에 들어가 룰루랄라 신이 나서 다닌다 해도 역시 그들은 나한테 눈곱만큼도 관심이 없었을 것이었다.

　나는 이렇게 세상의 눈으로부터 피해버렸지만 정작 문제는 나한테 있었다. 나 스스로가 만들어낸 생각들이 시도 때도 없이 가슴 한편에서 떠오르곤 했다. 그리고 괜히 기가 죽어 자신을 힘들게 했다. 어릴 때부터 수없이 치렀던 시험이라는 경쟁 제도는 나를 이렇게 주눅들게 했다.
　내가 당당하다면 그런 현실쯤은 무시할 수도 있었겠지만 나는 그렇지를 못했다. 어쩌면 자조적으로 되어 그런 삶을 즐긴 건 아니었을까 생각이 들 정도였다.

　어떤 이유로든 어릴 때의 나의 모습같이 기가 죽어 있는 사람들은 당당하게 세상을 살지 못한다. 현실에 맞설 용기가 없는 것이다. 그래서 쉽게 무기력해지거나 주위의 시선을 과도하게 의식하여 피하는 버릇이 있다. 당당한 사람이라면 자신의 삶을 자랑스러워하겠지만, 그렇지 못한 사람에게는 삶이 너무 힘들다.
　이런 사람들은 타인들이 나를 봐주는 시선에서 종종 자신의 존재감을 찾으려 한다. 그러다 보니 어떻게든 그들이 원하는 대로 거기에 자신을 맞출 수밖에 없다. 그렇게 사는 게 더 편하기 때문이다. 그러다 보니 나 자신은 어디에도 없다. 따라서 남들의 평가에 목을 매는 일이 왕왕 발생

1장_기준은 세상이 아닌 내가 정하는 것이다

한다. 남들에게 열 가지를 잘해주다가도 혹시 그들로부터 한 가지 어떤 말이라도 듣게 되면 마치 혼자 지옥에 떨어지기라도 한 듯 밤잠을 설치게 되는 것이다.

『나는 눈치 보지 않고 당당하게 살기로 했다』에서 저자 강상구는 이때의 나와 같이 주눅이 들고 자존감이 바닥인 사람들에 대해서 묘사하고 있다. 그는 1%의 실패 확률이 99%의 성공 확률을 무너뜨린다고 여기는 사람이 있다고 한다. 그들은 앞으로 나가는 것을 두려워하는 바람에 99%라는 기회의 등에 업혀 있으면서도 그것이 기회의 등인지 모르는 무기력한 사람이라고 한다.

그에 의하면 이런 사람들은 모든 열정을 스스로 포기해버린다. 앞에 밝은 빛이 있음에도 스스로 눈을 돌려 보지 않으려 하고, 어두운 쪽만 찾아다닌다. 그리고 자신의 세상을 캄캄한 지옥으로 만들고 그 속으로 자신을 가둬버린다. 암담한 지옥을 헤쳐나가는 길이 있음에도 그것을 보지 않으려 한다. 불빛이 있음에도 눈을 가려버리고 만다.

잠시 생각을 바꿔 이만큼 지나놓고 자신을 돌아보고 나니 사실 나 자신이 이룬 것은 정말 많았다. 비록 어린 시절 재정적으로 풍족하게 자라지 못하고 내가 원하던 학교들에 다닐 운은 없었지만, 세세히 살펴보면

나를 가장 빛나게 만드는 사람은 나 자신뿐이다

그렇게 나쁘지 않은 삶을 산 것이 사실이다.

다니던 학교의 성적이 남들한테 무시당할 만큼 못했던 것도 아니었다. 오히려 항상 선두 그룹에 속해 있었다. 좋은 부모님과 가족들, 그래도 대학, 대학원까지 공부도 할 수 있었고 다녔던 직장들은 그야말로 최고의 직장들이었다

그런가 하면 직장에서마다 훌륭한 멘토들을 만나 귀한 돌봄도 많이 받을 수 있었던 행운이 따랐다. 미국에 와 살면서는 평생 한 번도 해보지 못한 보험 영업 일들로 인해 처음에는 많이 헤매기는 했었지만, 그로 인한 지금까지의 경력은 축복 그 자체라고 말할 수밖에 없다.

그리고 어릴 때 부모와 함께 한국을 떠나 유목민 같은 삶을 살았던 우리 아이들이 이제는 결혼을 통해 좋은 가정을 꾸리고 사는 것을 보면 부모로서도 잘 살아냈다는 생각이 든다.

세상에 대해 당당해지기

사람이 후회한다는 사실은 바로 자기가 한 일에 대해 스스로 평가를 할 수 있다는 능동적 행위의 결과다. 단지 자기가 한 일의 결과에 대해 오로지 자신의 잘못으로만 인정하는 것이 탈이다. 그렇지만 어떻게 보면 이것은 정말 자신이 삶을 스스로 통제하는 '주도적인 삶'을 살고 있다는

적극적인 증거인 셈이다. 따라서 자기가 잘못했던 지난 일들을 후회하는 자신을 자책할 필요는 없다.

이에 대해 앞의 강상구 작가는 역시 시원한 설명을 하고 있다. 즉, 후회는 숨을 쉬는 것과 같아서 그런 행위는 자연스러운 일이라는 것이다. 그러므로 후회할 일이 있으면 그렇게라도 해서 풀어버리는 것이 더 낫다는 점을 분명히 하고 있다. 그는 내가 겪었던 힘든 시절의 마음들을 꿰뚫고 있음이 틀림없다.

그리고 저자는 이런 삶을 사는 것이야말로 바로 주도적인 증거라고 친절하게 알려주고 있다. 사실 돌아보면서 후회하거나 자책하는 자기 모습을 바라보고 스스로 민망하게 생각한 일이 얼마나 많았던가? 그러나 그것조차도 나의 삶을 살아내는 분명한 증거가 되는 것이다.

다른 사람들이 나의 행동에 대해 이러쿵저러쿵 말들을 한다고 흥분할 필요는 없다. 그냥 무의미한 말들을 무시하는 게 그들에 의해 놀아나는 것보다는 훨씬 낫다. 정말 재미있는 사실은 대부분은 남한테 말할 처지가 못 되는 사람들이 남에 대해 평가를 하는 경향이 많다. 그런가 하면 또 그런 말에 귀를 기울이는 우리의 모습도 크게 다를 바가 없다. 그것은 나의 삶이라는 게 고작 그런 남들의 시선 위에서 놀아나고 있기 때문이다.

사람마다 다름을 인정하지 못하는 사람들의 충고는 별로 신경을 안 써도 될 것이다. 그런 충고들을 들어준다고 쓸데없는 고생을 할 필요는 없다. 이런 사람들의 말만 듣고 정작 내가 진정으로 하고 싶은 것들을 포기할 필요가 없는 것이다.

같은 인간은 하나도 없다. 삶의 관점도 각자 다르다. 제 잘난 맛에 사는 게 세상이다. 그런 배짱을 좀 더 키우는 일이 앞으로 내가 하고 싶은 일이다. 우리는 스스로가 세상의 중심이라고 생각하며 제 뜻을 펼쳐도 괜찮다. 그렇게 당당해지기 위해서는 남이 아닌 '나'에게 집중하는 게 중요하다. 아까운 나의 삶이 남이 해주는 말 따위에 놀아나야 할 필요는 전혀 없음을 인정하면 되는 일이다.

자신에게 당당한 인생이면 충분하지 않겠는가?

인생은 선택이다
최고를 선택하라

/

"세상에서 가장 큰 범죄는 자신의 잠재력을 개발하지 않는 일이다."

— 로저 윌리엄스 (목사, 신학자)

내 인생의 전환점들 그리고 선택들

사람에게는 누구나 다양한 방식으로, 생각지도 못한 시간과 장소에서 전환점들이 다가온다. 그리고 그 전환점은 모두 다른 모습을 하고 있다. 비록 각각의 모습은 다르지만 우리는 그 전환점을 통해서 충분히 더 나은 삶으로 나아갈 수가 있다.

그러면 언제가 그러한 전환점일까? 그것은 그렇게 어렵게 생각할 필요가 없을 것이다. 바로 지금 '당신이 넘어진 자리'가 그런 기회의 자리가 될 수 있기 때문이다.

사람의 삶은 일정하게 움직이는 법이 없다. 만약 그렇다면 정말 재미없을 것이다. 사실은 설사 넘어진 순간이라 할지라도 내가 취하는 선택에 따라 어느 곳으로도 갈 수 있게 되는 것이다. 방향도, 속도도 모두 나의 선택이다. 꼭 넘어졌다고 더 나쁘란 법은 없다.

만약 이렇게 자신에게 어떤 전환의 상황이 닥치게 되면 우선 모든 행위를 멈추는 게 필요하다. 자책도 비난도 어떤 반응이든 아무것도 하지 말고 온전히 멈추는 게 중요하다. 그리고 그 위치에서 잠잠히 호흡을 가다듬으면서 왜 그런 일들이 있는지를 되짚어보아야 한다.

그리고 내 안의 나를 응시하면서 내면과 조용한 대화를 하게 되면 자신이 가진 능력이 그 길을 나타내 보일 것이다. 우리 자신의 참된 능력은 세상이 우리에게 하는 평가보다 훨씬 높은 곳에 있는 법이다.

이때 한 가지 명심해야 할 중요한 사실은 인생이 어려울 때야말로 나의 삶이 제대로 가고 있다는 점을 이해하는 것이다. 지금 내 눈으로 보는 게 다가 아니기 때문이다. 그러므로 어떤 힘든 일을 당해도 놀랄 필요가 없다. 그때야말로 바로 나 자신을 온전히 만날 기회이다. 그로 인해 훨씬 더 좋은 세계로 움직일 때가 되었다는 사실을 깨닫는 게 중요하다.

내 삶의 가장 큰 전환점은 한국을 떠나기로 마음먹은 일이었다. 한국에서 첫 직장을 잘 다니고 있던 나는 5년째 되던 해, 너무 평범히 지내는 게 너무 맘에 안 들었다. 책을 한 권 읽으려 해도 제대로 읽히지 않을 만큼 머리가 굳어져 있었다. 생각 끝에 당시에 처음으로 시행된 공인중개사 1회 시험을 준비해 자격증을 땄다.

그리고 직장생활을 하면서도 공부를 좀 더 계속할 욕심으로 대학원으로 진학해 석사 과정을 마쳤다. 다시 그것을 배경으로 미국계 회사로 자리를 옮길 수 있었다. 새로 옮긴 그 회사에서 근무하던 7년 동안 해외 출장을 다닐 기회가 많이 있었는데 그것은 내게 한국 바깥의 세상을 보게 하는 눈을 열어주었다.

나중에 공부를 좀 더 할 욕심으로 미국 유학을 진행했지만 비자 문제로 길이 막혀, 수소문 끝에 같은 계열의 학교가 뉴질랜드에 있음을 발견하고 영주권을 받아 뉴질랜드로 가게 되었다. 이는 당시 뉴질랜드는 점수제로 영주권을 주고 있어 가능한 일이었다.

이때 만약 미국으로 직접 갔더라면 당시 아내의 건강 때문에 큰 낭패를 볼 뻔했는데 유학의 길이 뉴질랜드로 열리면서 큰 재정적 손실을 막을 수 있었다. 모든 전환엔 신기한 보살핌이 있음을 뼈저리게 느낄 수 있었다.

약 3년 반을 공부하면서 살던 뉴질랜드는 자연환경이 천국이나 다름

나를 가장 빛나게 만드는 사람은 나 자신뿐이다

없었지만, 아직도 내겐 좀 더 일을 활발히 해보고 싶은 욕망이 남아 있었다. 이런 이유로 길을 찾던 중에 다시 미국으로 갈 수 있는 길을 발견하고 두 번째 이민을 결정하였다.

미국으로의 이민 절차는 지지부진했다. 그사이에 내가 다니고 있던 뉴질랜드의 회사는 시민권을 막 취득한 나에게 호주의 시드니에 있는 같은 회사로 근무하도록 전근을 시켜주었다.

당시 호주와 뉴질랜드 간에는 같은 영연방으로 상대국의 시민권자를 자국의 영주권자로 받아주는 협약이 있었다. 지금은 약간 변경되었다고 들었지만, 아직 근간은 같지 않을까 생각된다.

호주 체류 1년 반이 됐을 즈음에 드디어 시드니의 미 대사관에서 그간 지지부진하게 진행되던 영주권 인터뷰 일정을 통지받게 되었다. 그로부터 2주 후에 인터뷰를 성공적으로 마치고 미 영주권을 손에 넣게 되었고 바로 같은 주말 지금 사는 워싱턴 근교의 북버지니아로 오는 비행기를 타게 되었다.

아마 이때까지의 삶은 내 인생의 1막이라고 해도 되지 않을까 싶다. 그간 하나하나의 변화가 있을 때마다 이런저런 일들이 있었다. 그때마다

1장_기준은 세상이 아닌 내가 정하는 것이다

내게는 그런 일들이 일어나야 할 이유가 존재했었다. 그러므로 그런 결정을 하는 게 가장 옳다는 현실적인 생각을 늘 하곤 했었다.

다시 회상해보면 이런 변화들은 나 자신이 존재하니까 가능했던 일들이었다. 하나의 결정을 할 때마다 많은 밤을 뒤척거려가며 여러 가지 가능의 수들을 점쳐 보고는 했다. 이런 결정들은 아내에게도 알리지도 못하는 나 혼자만의 길이었다. 그게 가장의 책임이라고 생각했다. 그런데 지나놓고 보면 그런 것들이 새로운 인생 챕터로 넘어가는 과정들이었다.

이와 같은 때에 나의 가장 가까운 친구는 다름 아닌 속마음을 다 털어놓을 수 있는 노트들이었다. 지금은 많은 노트가 잦은 이사 중에 거의 다 사라져버렸지만, 그 중에는 나 혼자만의 '시편'도 꽤 많이 적혀 있었다. 다윗이 하나님께 홀로 나아갔던 것처럼 내 안에도 하나님을 향한 많은 노래가 매번 내 마음에 울리곤 했었다. 나의 마음 깊은 곳에서 그런 시들을 내게 읊어줬던 것 같다.

내 인생의 2막은 미국 땅에서

미국에서 초반의 삶은 녹록지 않았다. 우선 늦은 나이에 도착했다는 사실이 나를 초조하게 만들었다. 더 젊은 나이라면 한두 번의 시행착오

나를 가장 빛나게 만드는 사람은 나 자신뿐이다

를 해도 무난하겠지만 그때의 내겐 그런 시간적 여유가 없었다.

그래서 미국 이민자라면 누구나 거치는 사무실 청소로 생활을 시작하면서도 어떻게 하면 전문적 경력을 쌓을 수 있을까를 끊임없이 생각했다. 그러던 중에 나에게 가장 어울리지 않을 경력인 보험 영업을 선택하게 되었다.

대학원까지 했던 공부로 한국에서는 15년간 일했지만, 정작 미국에서는 아무런 경험 없이 보험 영업에 뛰어들었는데 18년을 넘겼다. 어떻게 보면 상당히 이상한 이야기처럼 들리겠지만 나는 사람의 삶에 우연은 없다고 생각한다.

지금까지 오게 된 그 배경에는 차곡차곡 계단처럼 모든 것들이 다 하나씩 그 역할을 하고 있었던 것이다. 지금, 이 순간도 바로 이다음에 다가올 귀한 일들을 위한 역할을 하는 것이라고 믿는다.

나는 늘 내가 생각하고 '이러면 좋겠다.' 하는 것들을 수시로 노트에 적는다. 난 그게 나 스스로와의 대화라고 생각한다. 지금 이 글을 쓰고 있는 것도 나의 독백이다. 이 방법을 누구에게라도 해보라고 권하고 싶다.

어느덧 18년을 넘어 19년째로 넘어가고 있는 미국 생활에서 젊어서는 미처 몰랐던 마음 챙김을 많이 생각하고 있다. 젊어서 내가 취했던 행동들은 다 내가 한 것 같지만 사실은 내 속사람이 인도했던 일들이었다. 다만 그때는 이런 걸 깨달을 만한 지식이 없었다. 그러나 이제는 전보다는 보다 많이 알게 되었고 나의 남은 삶도 그렇게 진행될 것임을 알 수 있다.

아마도 지금부터의 나의 삶은 책을 쓰는 3막이 될 것이다. 〈한책협〉의 김태광 대표 코치를 만나면서 내 책을 쓰겠다는 그림이 가시화된 것은 정말 감사한 일이 아닐 수 없다. 그는 내가 지금까지 길을 못 찾아 헤매던 세월을 가장 짧은 시간에 성취하는 데 절대적인 도움을 주었다. 그러나 이 또한 오랫동안 나의 상상 안에 머물러 있던 책 쓰기의 소망이 그를 만나 싹을 틔우는 환경을 만들어준 것이다. 이제 나의 다음 3막에서는 책을 쓰는 동안에 꽃 피우기를 소망한다.

이 얼마나 탁월한 선택들인가!

나를 가장 빛나게 만드는 사람은 나 자신뿐이다

06

나의 신념이 나의 미래를 만든다

/

"자신의 능력을 믿어야 한다. 그리고 굳세게 밀고 나가라."
— 로잘린 카터 (지미 카터 대통령의 부인)

신념 없던 삶의 모습들

지금껏 살면서 나는 나 자신의 신념 같은 것은 따로 생각해보지는 않았었다. 직장이란 사회생활을 하면서 뚜렷이 그런 게 필요할 것 같지도 않았기 때문이다. 그저 나의 삶은 내 안의 어떤 보이지 않는 생각이 이어져 있을 거란 막연한 추측만 하고 있었다.

그러나 사는 동안 내게 벌어진 일들과 관련하여 상당히 심각하게 이 문제를 생각하게 된 때가 있었다. 나의 정체성과 행복이라는 삶의 질에 대해 생각하게 되면서 과연 내가 지금 살아가는 방법이 맞는 것인지를 스스로 질문해보지 않을 수 없었다.

생각해보면 신념이 없는 삶이란 그저 주어지는 대로 사는 삶이다. 내가 가고자 하는 방향도 뚜렷이 없고 하루하루 살면서 어떤 것을 거두어야 하는지도 모른 채 그저 주어지는 대로, 던져지는 대로 사는 것이다. 말을 바꾸면 내가 가고자 하는 나의 미래를 그냥 허공에 던져놓은 상태와 같다고나 할까.

사람들은 동경하는 미래의 삶을 정말 막연하게 이야기한다. 돈이 좀 있으면 좋겠고 좋은 집에서도 살고 싶고 또 좋은 차나 어여쁜 배우자를 만나는 기대를 언급한다. 그렇지만 그건 그냥 막연한 희망일 뿐이다. 이런 막연함에는 삶을 창조할 만한 아무런 힘이 없다. 자신의 소망이 이루어지게 할 만한 아무런 동력이 없기 때문이다.

아내의 친구 동희(가명) 씨 부부는 약 8개월 전에 미국 '영주권'을 포기하고 한국으로 돌아갔다. 전부터 그 부부는 한국으로 다시 가서 살고 싶다는 말을 종종 해오곤 했다. 그래서 돌아가면 어떻게 살 예정이냐고 물으면 뚜렷한 준비는 아무것도 없었다. 그저 나가기만 하면 누가 도와주기로 했다면서 한국으로 돌아가면 아무렴 여기보다야 못하겠느냐는 말만 반복했다.

나를 가장 빛나게 만드는 사람은 나 자신뿐이다

동희 씨 남편은 가구를 제작하는 회사에서 일했는데 불황이 겹쳐 힘들어했다. 내 아내랑 그 친구들은 늦은 나이에 한국에 나가게 되면 힘들 테니 좀 더 살펴보고 나가라고 마지막까지 말렸다. 내가 보기에도 이들에게는 한국에 나가더라도 결국 다시 돌아오는 수밖에는 길이 없을 듯했다.

이미 그전에도 그런 경우를 여러 번 본 일이 있기 때문이다. 이런 사람들은 가진 돈을 다 까먹게 될 때까지 방황하다가 결국은 미국을 포기하지 못하고 돌아오고는 했었다. 해답은 자신들의 생존 능력을 키우는 데 있는데 그 어려움을 견뎌내면서까지 해낼 자신이 없었다.

동희 씨 부부는 결국 집을 처분하고 미국에서의 마지막 한 달을 자동차로 미대륙을 횡단하는 우아한(?) 여행을 했다. 그동안 마음에만 두고 못 해본 것이었다. 그러고는 끝내 한국으로 돌아갔다. 그들의 로망은 자연인처럼 어느 외딴 섬에 가서 호젓하게 살아보는 것이었다.

그 후로 그 부부는 가끔 아내에게 연락해오곤 한다. 가장 최근의 통화 내용으로는 아직 직장이 안정이 안 되었고 처음에 도와주기로 한 사람과는 이미 관계가 깨진 것 같다고 했다. 결국은 나간 걸 후회하는 모습이 역력하다고 알려줬다. 자신들의 생각과 너무 달라 꽤 곤혹스러워하는 것 같이 보였다.

1장_기준은 세상이 아닌 내가 정하는 것이다

내가 보기에 이들은 아무런 신념이 없이 사는 전형적인 모습이다. 신분 문제만 하더라도 미국 국내에는 영주권을 받아 안정되게 살고 싶어 애타게 기다리는 사람들이 너무도 많다. 이 부부에게는 자신들이 이미 가진 것들에 대한 감사의 인식이 부족했다.

몇 해 전 어느 새벽, 교회의 기도회에 참가했다. 예배를 인도하던 목사님이 기도 제목 하나를 요청했다. 교인분들 중에 일자리가 없어 힘들어하는 분들이 있으니까 그분들을 위한 기도를 부탁하셨다. 기도회를 마치고 목사님과 담소 중에 부탁을 드렸다. 나도 마침 일할 사람이 필요하니까 아까 말씀하던 분을 내게 소개해 달라고 이야기를 했다. 이전의 내 처지를 생각해 그 사람을 돕고 싶었다.

며칠 후, 그를 내 사무실에서 만났다. 내가 전부터 안면이 있는 사람이었다. 그가 그런 어려움을 겪고 있는지는 미처 몰랐다. 늘 밝은 사람이었기 때문이다. 그에게 형편을 묻고 우리가 하는 일을 간단히 설명했다. 내 말을 들은 그의 대답은 의외로 분명했다.

"보험이라뇨? 그거 힘든 일이잖아요? 전 해본 적이 없어서 그런 거 못해요. 적성에 맞지도 않고요."

순간 내가 무슨 나쁜 일이라도 권하는 사람처럼 생각되어 머쓱해지고 말았다. 이 대화는 내게 많은 생각을 하게 했다. 내가 이 일을 하게 된 유일한 이유는 내가 가장이어서였다. 가장으로서 식구들을 더는 고생시키기 싫다는 이유 하나 때문에 50 가까운 나이임에도 생전 해보지 않은 영업일에 들어오게 된 것이다.

그는 가장으로서 가족을 지켜야 한다는 가장 기초적인 일에 대해 절실함이 느껴지지 않았다. 그저 힘든 일은 하기 싫다는 걸로만 내게 비쳤다. 물론 그에게 더 쉬운 일자리가 있었을 수도 있었다. 그러나 난 대화를 나누면서 가장으로서의 책임감을 먼저 생각하기를 바랐는지도 모른다. 이런 처지에 적성을 운운한다는 것은 적합하지 않은 생각이라고 느껴졌다.

부정적 신념을 바꾸는 방법

세계적인 명상 프로그램 '마인드 밸리'를 개발한 명상 강사 비셴 락히아니(Vishen Lakhiani)는 자신의 외모가 학교 친구들에 비해 독특해 어릴 때부터 많은 놀림을 받았다. 그런 조롱은 오랫동안 스스로 못생겼다는 믿음을 갖게 했다.

그에 의하면 사람이 갖는 이미지와 신념은 7세 이전에 만들어져 하드웨어처럼 사람 안에 장착된다고 한다. 하지만 좋은 소식은 어떤 생각 하나가 잘못되었다는 걸 깨닫는 순간 '하드웨어를 업그레이드하듯 신념도 업그레이드'해서 바꿀 수 있다는 사실이다.

비셴은 실제로 자기가 못생겼다는 잘못된 신념을 밀어내자마자 자신감이 높아졌고 세상을 바라보는 관점이 완전히 달라졌다. 그럼으로써 모든 대인 관계가 순식간에 긍정적인 방향으로 흘러가기 시작했다.

실제로 영업 부문에서 챔피언처럼 일하는 사람들은 자기들이 믿는 대로 이루어가는 모습들을 얼마든지 볼 수가 있다. 이런 신념이 있으면 현실의 문제들이 사실상 아무런 제약을 주지 못하게 된다. 바로 강한 긍정이 내 안에 성공으로 이끄는 길잡이가 되는 것이다.

자기 암시는 자신의 신념에 가장 강력한 영향을 주는 도구다. 만약 부정적인 생각이 떠오르면 즉시 이를 거부하고 밝고 건설적인 암시만을 받아들이면 된다. 부정적인 생각이나 암시들은 우리가 거부하는 순간 더는 힘을 발휘할 수 없게 되는 것이다.

성공한 많은 사람은 다분히 긍정적인 사람들이다. 이들은 바로 자기 자신과의 감정 대립 중인 부정적 상황에서조차도 긍정을 끌어낸 사람들이다. 내가 어떤 의식을 가질지는 전적으로 자신이 결정만 하면 되는 것이다. 그래서 내 생각이 부정적으로 흐르지 않도록 잘 살피는 것이 중요한 것이다.

나를 가장 빛나게 만드는 사람은 나 자신뿐이다

'나는 날마다 모든 면에서 점점 더 좋아지고 있다'라고 아침마다 자신에게 말해주기만 해도 나의 잠재의식은 그렇게 프로그램된다고 한다. 이렇게 잠재의식이 프로그램되고 나면 그다음의 모든 일은 그냥 맡겨두기만 하면 된다. 무한한 능력을 갖춘 잠재의식 스스로가 자신이 할 일을 찾아 행하기 때문이다.

이런 암시가 가장 잘되는 시간대는 잠재의식과 현재 의식의 경계인 잠자리에 들기 전과 아침에 바로 눈을 뜬 직후가 가장 좋다. 이 시간대에 갖는 긍정 암시는 잠재의식에 명령으로 하달되어 수면시간 동안 자기가 할 일을 성실히 수행해서 그 결과를 현재 의식에 나타내게 하는 것이다.

07

기준은 세상이 아닌 내가 정하는 것이다

/

"현실이 중요한 것이 아니라,
당신이 그것을 어떻게 해석하고 무엇을 하느냐가 중요한 것이다."
― 웨인 다이어 (자기 계발 전문가, 작가)

이 책을 쓰는 이유

이 책을 쓰는 목적의 대상은 누구도 아닌 바로 나 자신이다. 지금까지 살아오면서 그간 미처 하지 못했던 나와의 화해를 시작하고 싶었기 때문이다. 앞부분들에서 이야기하였던 나의 부족함이 다시는 나의 남은 삶 가운데 발목을 잡게 하고 싶지 않은 바람이기도 하다. 쓸데없이 낮은 자존감으로 세상을 피하며 보냈던 시절은 큰 아쉬움으로 남는다.

감수성이 예민했을 그때 좀 더 밝은 세상을 보았더라면 나는 지금 어

나를 가장 빛나게 만드는 사람은 나 자신뿐이다

떤 모습으로 변해 있을까 자못 궁금하다. 남한테 손가락질당하기 싫어서 되지도 않는 완벽주의랍시고 자신을 몰아갔던 시간은 정말 아쉬움이 많다. 이제는 자신에게 여유를 허락함으로써 '어떤 경우에도 그럴 수도 있다'라고 생각을 바꾼 것은 내가 남을 바라보는 시선도 그렇게 바뀌었다는 뜻이기도 하다.

나 자신에게 스스로 "이대로도 괜찮아. 충분히 잘했어!" 다독이는 건 나를 정말 따뜻하게 만들어준다. 나 자신을 객관적으로 보는 법을 배우게 되면서 진짜 나 스스로가 괜찮아 보이기 시작했다. 자칫 입에서 튀어나오던 부정적이고 냉소적이며 공격적인 말들이 긍정의 언어로 변화하기 시작한 것은 이때부터인 것 같다. 비로소 내가 이미 갖고 있거나 성취한 것들이 너무 많은 것도 알게 되었다. 이제야 나를 인정하는 법을 깨닫기 시작한 것이다.

전에는 세상일이 힘들어서 나에게 좋아지는 때란 영원히 없을 것만 같았다. 그렇지만 셰넌도어의 험한 산자락들을 타고 넘으면서 세상의 이치를 조금씩 배웠다. 항상 힘들기만 한 길은 없다는 사실도 깨닫게 되었다. 또 내리막길이 편하고 수월하다고 해서 꼭 좋은 것은 아니다.

또 정상에 올라야만 볼 수 있는 경치들도 따로 있었다. 그곳은 모두에게 개방된 곳이 아니기 때문이다. 마땅히 필요한 땀을 흘려야 자격이 생

1장_기준은 세상이 아닌 내가 정하는 것이다

기는 것이다. 땀을 흘리지 않고 정상을 탐하는 자는 바로 도둑의 마음을 가진 것일 거다.

그런가 하면 또 항상 위로 올라갈 수만도 없다. 정해진 시간이 되면 툭툭 엉덩이의 흙을 털어내고 때에 맞춰 내려가야 한다. 나의 신체적 건강뿐만 아닌 정신적 건강도 그런 조화에 따라 균형을 맞추어 유지된다.

내가 진정 행복해지고 싶다면 산만 타도 충분히 행복할 수 있는 것처럼 모든 것에는 행복할 수 있는 길들이 존재한다. 그런 가능성을 활짝 열어놓고 살 수 있음은 세상의 모든 지혜를 가진 자와 다르지 않을 것 같다.

호흡만 제대로 유지할 수 있으면 어떤 힘든 산을 가더라도 크게 당황하지 않는다. 우리가 살면서 호흡을 가다듬지 않고 살 수 있음은 대단한 자신감이 될 수 있다. 그런 자신감이야말로 내가 우리 인생의 기준을 세우고 지키는 일에 매우 중요하다.

어릴 적 소신이 없던 나처럼 굳이 누구에게 의견을 물을 필요 없이, 적절하고 지혜로운 결정을 해내는 습관은 남은 생의 큰 자산이 될 것이다.

지금까지 나의 삶에 대한 태도는, 어떤 길을 시작하기 전에 모든 답을 미리 다 알아야 한다는 것이었다면 이제는 그냥 발만 들여놔도 길이 열

나를 가장 빛나게 만드는 사람은 나 자신뿐이다

릴 것이라는 기적의 현상을 믿는 것이다. 그저 믿고 발을 들여놓는게 전부임을 알게 되었다. 인생은 여리고로 가는 길에 요단강을 건너는 것과 같다. 그리고 이를 깨닫는 것이 믿음임을 알게 되었다.

그리고 나의 새로운 기준들

내가 날마다 모든 면에서 점점 좋아지고 있다는 생각만 해도 나는 벌써 좋아졌음을 알 수 있다. 아침마다 좋아진다고 자신에게 말해주는 것은 다시는 예전의 나로 살지 않겠다는 의지의 표현이다. 나에게 있어 새로워진다는 것은 단순히 뭐가 하나가 달라진다는 뜻이 아니라 이제는 제대로 행복하게 살 수 있다는 생각의 변화를 의미한다.

지금까지 내가 의존했던 타인들의 말이 더는 나에게 영향을 미치지 않을 수 있다는 신나는 생각을 할 수 있다. 어쩌면 지금까지는 별 영향력이 없는 사람들의 충고에 더 귀를 기울였을 것이다. 그래서 이들이 내 뒤에서 내뱉는 말들이 신경이 쓰였지만 더는 나하고 상관없음을 자각할 수 있다.

세상에 아무런 선한 영향을 미치지 못하는 말들로부터 나의 의식을 거두어버리는 것은 얼마나 즐거운 일인가. 따라서 이제는 내가 진정으로 하고 싶은 것들을 포기할 필요가 없다. 이제 나의 세상에는 내가 소망하며 그리던 그림들이 펼쳐지게 될 것이다. 그러기 위해 당당한 나 자신에게 집중하는 것이다. 이런 글만 써도 기분이 얼마나 후련하고 시원한지 모른다.

나의 가장 가까운 친구인 노트는 세상의 비웃음이 두려워 미처 마음을 못 열어놓을 때도 늘 안전했다. 나는 늘 내가 생각하고 '이러면 좋겠다.' 하는 것들을 수시로 노트에 적었다. 그게 나 스스로와의 대화였다. 돌이켜보면 지금 내가 보고 있는 그때의 노트들은 당시 어느 것 하나 그 내용이 심각하지 않은 것이 없었다.

노트를 펴고 나를 적어내는 일에서 나의 세상은 펼쳐진다. 다윗의 시편만 보라는 법은 없을 것이다. 하나님은 이미 나에게 남이 모르는 많은 것들을 내게 일러주셨다. 그런 내가 나의 시편을 적지 못할 이유는 없는 것이다. 다윗이 하나님께 홀로 나아갔던 것처럼 내 안에도 하나님을 향한 많은 노래가 지금도 내 마음에 울리곤 한다. 나의 자아는 마음 깊은 곳에서 어떤 전환기마다 그런 시편들을 기억해내어 내게 읊어줬다. 그 힘이 나를 오늘의 여기까지 데려온 것일 거다.

이제는 전에 몰랐던 마음 챙김을 많이 생각하고 있다. 진정한 나와의 화해는 내 마음의 흐름을 깨닫는 일이다. 지금껏 내가 외부에서 구했던 해답들은 이미 내 안 어딘가에 존재하고 있다. 나의 의식을 온전하게 집중하고, 불필요한 것들에 신경을 돌리는 대신 나를 돌아보고 챙기는 일을 생각하는 것이 더 공정하다. 그래서 나의 현재라는 시간, 지금이라는 이 시간에 더 집중함으로써 다가올 시간에 대한 아름다운 씨앗을 심는 것이다.

이런 신념과 생각들이 앞으로의 나의 새로운 기준들이다. 사람들의 삶은 결코 일정하게 움직이는 법이 없기 때문에 어떤 상황에서라도 내가 정하는 선택에 따라 어느 곳으로도 갈 수가 있다. 넘어졌다고 꼭 나쁘란 법은 없다. 단지 내가 가고 싶은 방향과 속도를 내가 결정만 하면 되는 것이다.

나를 가장 빛나게 만드는 사람은 나 자신뿐이다

하드웨어를 업그레이드하듯 신념도 업그레이드해서 바꿀 수 있다.

63

쉽게 포기하는
것도 습관이다

쉽게 포기하는 것도 습관이다

/

"자신감은 위대한 과업을 달성하기 위한 첫 번째 요건이다."
– 새뮤얼 존슨 (시인, 평론가)

미국에서 고소득을 얻을 기회

미국에 처음 이민 와서 TV를 보면 돈 버는 상업적 광고가 참 많았다. 이들의 광고를 보면서 한 해에 십만 불씩이나 버는 사람들은 도대체 어떤 사람들일까 궁금했다. 누가 그렇게 많은 돈을 벌 수 있을까? 그런 비즈니스는 도무지 나하고는 아무런 상관없는 세계의 일 같았다.

그런데 보험업계에 들어서면서 그게 생각처럼 어렵지 않을 수 있겠다고 생각하게 되었다. 보험회사에 따라 지급하는 보상 시스템을 잘 살펴

보면 그런 수입도 불가능하지가 않은 것이다. 실제로 내 주변에는 그런 고소득자들이 얼마든지 있다. 그뿐 아니라 각 회사가 제공하는 제반 수당이나 연금, 의료보험 등 혜택들도 상당히 좋은 편이다.

그런데도 보험 에이전트들의 생존율은 현저히 낮다. 3년 차까지 살아남는 숫자는 아마도 입사자의 수를 기준으로 볼 때 10% 이내이지 않을까 생각된다. 아시안들의 경우는 이보다 높은 편이지만 여전히 낮은 숫자에 머무르고 있다. 이렇게 대우나 보상이 괜찮은데 왜 이렇게 생존율이 낮을까?

그 이유는 다름 아닌 '포기' 때문이다.

미국에서 보험 에이전트로 일을 하려면 소정의 시험을 거쳐 라이선스를 취득해야 한다. 영어가 어려운, 이제 막 이민을 온 사람의 경우엔 쉬운 시험은 아닐 것이다. 그렇지만 역시 그리 불가능한 시험도 아니다.

그간의 경험에 비춰보면 이 시험을 쉽게 패스하는 사람일수록 나중에 포기가 빨랐다. 머리가 좋은 편이지만 끈기가 없기 때문이다. 이들에게는 다른 사람보다 비교적 선택의 여지가 많아 조금이라도 더 수월한 것을 찾을 수가 있다. 그러나 어렵게 합격하는 사람들은 공부한 게 아까워서라도 좀 더 버티는 편이다.

그렇다면 미국의 보험 영업은 정말 포기할 만큼 그렇게 힘든 일일까? 나는 절대 아니라고 생각한다. 포기하는 사람들은 늘 무엇을 해도 포기하는 사람들이다. 영업이 힘들어서 포기하는 게 아니다.

내가 18년간 영업팀들을 관리해본 경험에 의하면 보험업에는 성공의 기회는 아주 많다. 쉽게 말해서 하루에 단 몇 개 정도의 약속만 꾸준히 잡고 결과에 상관없이 5명 정도만 매일 만날 꾸준함만 있으면 고소득의 기회는 아주 많다. 그런데 그렇게 하는 사람 찾기가 쉽지 않다.

포기하는 이들은 늘 달아날 이유를 찾는다. 그리고 늘 자기의 낮은 실적을 합리화시키기 위해 불평할 대상을 찾는다. 회사를 원망하고 제품이 좋지 않고 매니저를 원망하고 동료가 꼴 보기 싫고 교육이 부실하고 한국처럼 시장이 크지 않아 손님도 없다고 힘들어한다. 얼마든지 이유는 많다.

그간 수없이 포기하고 나가는 사람들을 지켜본 결과에 의하면, 일찍 포기하는 이들 대부분은 가장 기본적인 사항들을 하지 않았다. 먼저 가장 중요한 것은 사람을 만나는 것인데 그런 노력을 거의 하지 않는다. 그렇게 큰돈을 버는 일인데도 몇 시간만 일하고 수입이 들어오길 기대한다. 그리고는 기대한 결과가 없다고 얼마 지나지 않아 바로 포기 절차에 들어가게 된다.

2장_쉽게 포기하는 것도 습관이다

그리고 또 하나의 문제점은 이들이 갖는 시간에 대한 우선순위다. 보통 포기하는 자들은 모든 시간의 중요도가 다 똑같다. 먹고사는 일이나 집안의 자잘한 일이나 모두 같다. 그래서 비생산적인 집안일이라도 눈에 띄면 먼저 거기에 시간을 사용해버린다. 그러다 보니 진짜 돈을 벌어야 하는 생산적 일은 맨 나중으로 가 있다. 그러다가 당장 먹고살 돈이 궁해지면 시급을 주는 시간제 일로 대부분을 보낼 수밖에 없게 된다. 그러고는 맨 나중에 얼마 남지 않은 시간에 번 수입을 기대한다. 당연히 이런 식으로는 일이 될 리가 없다. 그리고 회사가 제대로 도와주지 않았다고 불평들을 하곤 한다.

작지만 꾸준히 하는 일의 힘

정리해보면 사람들이 포기하는 가장 큰 이유는 인생 자체의 목표가 아예 없다. 또 좋은 꿈을 갖고 있다 하더라도 그런 걸 해낼 의욕 자체가 없기 때문이다. 따라서 목표를 이루는 데 꼭 필요한 매일매일의 작은 일을 하지 않음으로 결과가 없게 되고 이는 또 실패로 이어진다.

단언컨대 주 40시간만 제대로 채워 일하고 하루에 정해진 수의 사람을 꾸준히 만난다면 연봉 십만 불의 수입은 그다지 어렵지 않다고 믿는다. 그 정도의 열성만 있어도 얼마든지 기회는 그들의 몫인데도 말이다.

나를 가장 빛나게 만드는 사람은 나 자신뿐이다

영어도 제대로 안 되던 필자가 평생 영업 한 번 해보지 않았지만 48세의 늦은 나이에 보험에 입문해 지금껏 18년째 살아남아 있다는 게 좋은 예가 되지 않을까 생각한다. 난 아직도 은퇴할 계획이 없다. 어디 가서도 이만한 일자리는 못 찾을 것 같기 때문이다.

일본이 자랑하는 세계 최고의 LED 전문가이자 공학박사, 나카무라 슈지는 20세기 안에는 절대 실용화가 불가능하다고 여겨졌던 '고휘도 청색 LED'를 개발해 2014 노벨 물리학상을 받았다.

작은 지방 대학교를 졸업하고, 지역 중소기업의 평범한 연구원이었지만 그는 자신이 처한 조건이나 환경을 단 한 번도 탓하지 않았다. 오히려 오기와 끈기로 버텨냈다. 그리고 500번에 달하는 실험과 도전 끝에 마침내 청색 LED의 실용화를 성공시켰다.

『끝까지 해내는 힘』이라는 책은 바로 나카무라 슈지가 자신의 원칙과 신념으로 꿈을 이뤄내는 과정을 담담하게 적은 글이다.

그는 이 책의 서문에서 지금까지 그가 걸어온 길을 되짚어보니 실제로 아주 단순한 일들이 쌓이고 쌓여 마침내 성공으로 이어졌다는 사실을 깨달았다고 한다. 어려운 이론이나 높은 학력은 방해가 될 뿐이며 자신을 믿고 힘차게 앞으로 나아갈 용기만 있다면 꿈은 현실이 된다고 주장한

다. 그의 글들을 읽는 동안 느꼈던 그의 고집과 끈기 그리고 열정에 가슴
이 울렁거리던 기억이 생생하다. 나도 한때는 지방 대학 출신이라는 벽
에 몸으로 부딪치며 살아온 터라 그가 느꼈을 벽들을 어렵지 않게 느낄
수 있었다.

그에 의하면 어떤 일을 시작하면서 갖게 되는 사람들의 생각이 걱정이
냐 아니면 가능성이냐의 여부에 따라 그 결과가 크게 달라질 수 있다고
한다. 걱정하는 사람은 그로 인해 자신을 잃어 앞으로 나가기가 어렵게
되지만 긍정적인 사람은 오히려 자신감으로 모든 문제를 더 좋은 방향으
로 전환할 수 있었다고 한다.

우리가 힘들게 일을 하는 것을 보면서 중간에 포기하도록 유도하는 사
람들이 많다. 그런데 그런 말에 따라 포기를 한다면 진정한 성공은 불가
능하다. 그런 말을 하는 사람들은 대개 실패 속에서 성공을 경험해보지
못한 사람들이다. 이런 말을 좇아 포기하는 실수를 해서는 안 된다.

우리가 귀를 기울일 사람들은 이미 성공을 성취해 그 느낌을 알아버린
사람들이어야 한다. 따라서 우리의 주위에는 항상 이런 성공한 사람들이
있어야 한다. 이런 환경을 만드는 것은 전적으로 우리의 선택에 달린 문
제이고 또 우리가 얼마든지 만들 수 있다.

나를 가장 빛나게 만드는 사람은 나 자신뿐이다

성공은 단 한 번에 이루어지지 않는다

/

"승리할 것으로 생각하면 승리할 수 있다.
자신감이야말로 승리의 조건이다."
– 윌리엄 해즐릿 (문학 평론가)

더 큰 기회를 찾아 계속 움직이다

지금까지 살면서 직장을 옮길 기회가 여러 번 있었다. 한국에서 두 번, 미국에서 세 번을 옮겨가며 일을 했다. 시간제가 아닌 전일제의 경우들만이다. 직장을 옮길 때마다 많은 시간을, 길게는 6개월까지 검토를 했다. 매우 스트레스받는 경험들이었다. 내가 한국에서 직장생활을 시작할 때만 해도 일본의 모델처럼 한 회사에서 평생 근무하다 은퇴를 하는 종신제가 직장의 모델이었다.

첫 직장 근무 시절, 일본의 시세이도 화장품 회사에서 잠시 기술 연수를 받을 기회가 있었다. 그 연수 기회는 나의 첫 번째 해외 출장의 기회이기도 했다. 동경에 있던 그들의 플랜트에서 시세이도 종업원들의 일하는 모습을 세세히 관찰할 수 있었다.

거기서 내가 잠시 본 바에 의하면 그 회사에는 대를 물려가면서 일하는 가족들을 쉽게 볼 수 있었다. 그들은 다른 회사로 옮겨간다는 것은 생각도 못 하는 것 같았다. 마치 사무라이들이 한 주군을 섬기던 그런 때의 모습을 연상케 했다. 회사에 대한 애사심이 대단했다. 그래서 그들이 단체로 아침마다 외치는 구호도 우렁찼다.

따라서 내가 이런저런 이유로 회사를 옮기려 생각할 때는 머리가 당연히 복잡할 수밖에 없었다. 집안의 반대가 심각했다. 당시에 우리 회사는 그 지역에서 꽤나 명망을 유지하고 있었고 모두들 들어오고 싶어 하던 회사였다. 그런데 그런 회사를 놔두고 평생 들어보지도 못한 미국계 회사로 옮겨간다니까 양가의 어르신들에겐 그야말로 큰 걱정거리였다.

더욱이 나는 당시에 과장 진급을 앞두고 있던 선임 대리였는데 회사에서 받은 특혜가 많았다. 예를 들면 대학원에 출석해 공부할 시간을 얻었다든지 과장급 이상의 간부들만이 들어가 살 수 있던 사택 단지에 대리로서 유일하게 돈 한 푼 안 내고 살 수 있는 배려를 받았으니 어떻게 보면 배은망덕으로 보일 수도 있었다.

나를 가장 빛나게 만드는 사람은 나 자신뿐이다

그러나 난 단호한 결정을 내리고 미국계 회사로 옮겼다. 한국의 기업 문화를 떠나 새로운 것을 좀 더 알고 싶은 호기심이 너무 많았기 때문이다. 새로운 회사가 보여주는 경영 방침들은 그야말로 그전에 겪었던 모든 것들과는 판이한 세상이었다.

이런 일도 있었다. 입사 당시 나와 회사 사이에는 합의된 연봉이 있었다. 그 액수는 전에 근무하던 회사와는 비교가 안 되게 많은 금액이었다. 입사하고 나서 몇 달 후 난 기술 연수차 미국 웨스트버지니아의 플랜트로 한동안 나가 있게 되었다. 그동안에 회사는 내 봉급을 다시 사정했다. 그것은 회사가 매년 실시하던 일이라고 했다.

그 회사는 FOR(Frame of References)라고 해서 당시 한국에 나와 있던 가장 대우가 좋은 미국계 10개 회사를 선정해 그중에서도 톱 3 정도의 수준에 맞춰 자동으로 연봉을 정하는 시스템을 가동하고 있었다. 이 사정으로 인해 내 연봉은 꽤 많은 금액으로 다시 올라가 있었다. 이뿐만 아니라 그 회사에서 근무하는 동안 정말 많은 것들을 보고 배우면서 경험을 쌓을 수 있었다.

그렇지만 이런 기회들도 다시 뒤로 하고 한국을 떠나 미국으로 향했다. 이때의 미국은 내게 전혀 다른 곳이었다. 앞에서 기껏 쌓았던 모든 경험은 사용할 곳이 전혀 없었다. 빈손으로 처음부터 다시 시작해야 했

2장_쉽게 포기하는 것도 습관이다

다. 그래서 우선 청소일부터 배웠다. 생존을 위한 첫 발걸음이었다. 우리 네 식구가 저녁에 몇 시간씩 하던 청소 일은 당장 생계에 도움이 되었다. 일이 있다는 것은 나나 우리 가족에게 심리적으로도 도움이 많이 되었다.

아내와 아이들도 매우 힘들었겠지만 감사하게도 아무런 불평 없이 잘 따라와 주었다. 당시 고등학교에 다니던 아이들은 일을 마치고 밤 11시 넘어 집에 도착하면 그때부터 밤늦게까지 과제물을 하곤 했었다.

당시에 내 안에는 어떤 초조감이 많이 있었다. 미국 도착하기 전 몇 년 씩 살았던 뉴질랜드나 호주에서는 어떤 이유 없는 자신감이 있어서 그곳에 거주하는 동안 지루함 외엔 달리 힘든 사항들은 없었다.

영업이라는 새로운 경력으로의 도전

가장으로서 재정을 안정시키고 싶어 선택한 일은 보험 영업 일이었다. 영업이라곤 전혀 해본 적이 없었지만, 이 일은 당시의 내가 원하던 조건을 모두 갖고 있었다. 아내의 건강 때문에 의료보험 혜택이 필요했고 나는 나이 때문이라도 더 늦기 전에 가능한 전문직으로 경력을 쌓고 싶었다. 외관상으로 보험회사들의 근무 조건은 그런 사항들을 잘 만족시켜줬다.

나를 가장 빛나게 만드는 사람은 나 자신뿐이다

그러나 정작 문제는 영업이었다. 경험이 전혀 없는 내가 아무리 이 일을 하고 싶어도 실적이 없으면 아무 소용이 없기 때문이다. 이 세계는 고정급 제도가 아니어서 어떻게든 매달 실적을 만들어내야만 했다.

이민을 온 지 얼마 되지도 않아 아는 사람도 변변치 않았던 나는 운 좋게 보험에 입문하고 나서 첫 3개월을 성공적으로 잘 살아남을 수 있었다. 그리고 그 3개월 동안에 내가 이 일에 적합한지 확인하고자 테스트 기간으로 마음먹었던 6개월 치의 실적까지 올리게 되었다. 그뿐만 아니라 이 첫 성공은 나에게 매니저로 자리 이동을 하는 계기가 되었다. 아직 승진 요건이 안 되는 나를 매니저로 승진시키기 위해서 회사는 모든 필요 요건을 예외로 진행하도록 특별히 허락해주었다. 이 승진으로 내 업무는 영업 현장으로부터 팀 관리하는 일로 업무의 영역이 바뀌게 되었다.

매니저가 되고 나서 지난 18년 동안 3번 회사를 옮겼다. 나를 매니저로 만들어준 처음 회사가 자신들의 실수를 만회하고자 나를 해고했기 때문이다. 그 일은 내게 작지 않은 충격과 수치감을 주었지만, 후에 그보다 훨씬 좋은 조건의 큰 회사로 자리를 옮기는 계기가 되었다.

매번 회사를 옮겨야 할 때마다 난 옷을 바꿔 입는 느낌이 들었다. 스스로 원하지 않았음에도 나를 움직일 수밖에 없게 만드는 상황들이 절묘했

2장_쉽게 포기하는 것도 습관이다

다. 그럴 때 내가 고집을 부릴수록 상황은 심한 모멸감을 나에게 느끼게 했다. 그렇지만 그것들로부터 회복하면서 나 자신을 더 많이 알아가는 기술들을 배우게 되었다. 그 좋은 예들이 마음 챙김, 명상, 감사하기, 책 쓰기, 소통하기 등등이다. 이들 가운데서 책 쓰기는 아마도 앞으로 내가 나이를 잊고 살게 해줄 최고의 기술이 될 것 같다.

성공이라는 말을 난 이렇게 해석하고 싶다. 돈으로 인한 성공은 당연히 좋은 것이겠지만 더 좋은 성공은 바로 나 자신과의 화해라고 생각한다. 나의 속사람은 내 생각과 느낌, 흐름, 이동을 다 인지하고 있다. 의식 세계의 나는 그저 눈앞에 보이는 이해를 따라 좇아가지만, 속사람은 모든 것을 다 알고 있다. 바로 그저 눈앞의 이해를 따라가는 일들의 결말이 어떠한지 다 아는 것이다. 이 두 세계의 인식 차이는 내 안에 저항을 만들게 된다.

그러므로 가장 바람직한 성공은 나의 속사람이 아무런 저항을 하지 않게 하는 그런 것이어야 하는 것이다. 이런 상태에서 얻는 금전적 성공이라면 정말 보람이 있을 것이다. 그러나 속사람의 저항을 받는 성공은 아직 나의 때가 안 된 것임을 알려주는 것이다.

나 자신이 인정하는 성공이야말로 진짜 성공인 것이다.

나를 가장 빛나게 만드는 사람은 나 자신뿐이다

생각대로 되지 않아도 계속 전진하라

/

"단호한 마음의 굳은 결심을 막거나
통제할 수 있는 우연, 운명, 숙명이란 없다."
– 엘라 휠러 윌콕스 (시인)

의도하지 않았던 일들

살면서 과연 생각대로 되는 일이 얼마나 될까? 누구나 살면서 갑자기 겪게 되었던 황당한 일들이 없지 않았을 것이다. 그런 황당함은 내가 본래 의도하던 대로 되지 않음을 경험하는 일들이다. 이런 황당한 일들은 나에게 여러 가지 형태로 나타났다.

막상 사람들이 그런 일들을 당하게 되면 하늘이 노래지고 다리의 온 힘이 다 풀리기 마련이다. 그렇지 않은 사람이 어디 있을까. 내게도 가능한 모든 경우가 다 왔었던 것 같다. 지난 나의 생활은 그야말로 무슨 종합선물 세트같이 그 경험들이 다양했다.

오랫동안 준비해오던 일들이 마지막 순간에 모두 어그러져버리기도 하고 또 멀쩡하게 잘 다니던 회사에서 갑자기 파면당하기도 한다. 또 어떨 때는 건강상 문제로 생각지도 못한 일을 겪는가 하면 또 크나큰 빚으로 인해 엄청난 고통 속에서 허덕이기도 한다. 또는 가까운 사람들이 등을 돌리고 모두 떠나버려 하루아침에 외톨이가 되기도 한다.

그 한 가지 예로 다음과 같은 일이 있었다. 나는 일 년이 넘게 미국 유학을 준비하던 때가 있었다. 그렇게 오랫동안 준비했던 일이 미국 대사관 비자 심사를 받으면서 불과 1분도 안 되는 시간에 모두 허사가 되어버렸다. 이미 집도 팔았고 회사에는 퇴직 의사 및 일정을 통보한 상태였다. 미국에서의 학업에 관한 일정은 당연히 학교와 모든 준비를 다 마친 상태였다. 이제 비자만 나오면 2주 내로 떠나게 되어 있었다.

비자를 당연히 받을 수 있으리라 의심하지 않았던 건 지난 일 년간 내게 보인 모든 과정 중에 의심할 만한 것이 전혀 없었기 때문이다. 그때까지의 준비에 어떤 어려운 일도 아무런 문제 없이 진행되어 왔기 때문에 과신이 문제라면 문제였다.

비자를 심사하던 영사는 나의 이름만을 물어보고는 그동안 준비했던 그 많은 서류 위에 묵묵히 붉은색 펜으로 내 눈앞에서 모두 사선을 그어 버렸다. 마치 학교 시험 답안지를 0점 처리 하는 것 같았다. 그 순간의 황당함은 이루 말할 수 없었다. 비자만 받으면 들기로 했던 축배는 어느 곳에도 없었다.

미국에서 살면서 겪었던 일들

하루는 다니던 회사의 본사 인사부에서 인터뷰 통보가 왔다. 다음 주에 사무실로 와달라는 연락이었다. 그 연락을 받고는 그때까지 내가 열심히 준비하던 일에 대한 좋은 결과 때문일 것이라는 지극히 긍정적인 예상을 했었다. 따라서 인터뷰 당일은 큰 기대로 가슴이 두근거리기까지 했었다.

인터뷰하러 들어간 방에는 본사 법무팀의 변호사와 미국 정부의 국토안보부 조사관, 둘이 나를 기다리고 있었다. 순간적으로 뭔가 잘못됐다는 생각이 들었다. 그 미팅은 10분을 넘기지 않았다. 그리고 그날 나는 파면 통보를 받았다. 나의 해명은 받아들여지지 않았다. 파면 대신 자진해서 사퇴하겠다는 희망도 거절되었다. 나는 내가 왜 이런 일을 당하는지도 모르고 그날 '잘리고' 말았다. 너무나 큰 수치심으로 법적 소송까지 심각하게 고려했었다.

　여느 날 여느 해처럼 건강 검진을 받으러 주치의를 만났다. 항상 친절한 의사는 그날 나의 목 언저리를 세심히 만졌다. 그런 일은 처음이었다. 목 아래쪽 림프샘 어딘가에 뭔가 만져진다고 말하면서 계속 이곳저곳을 살폈다. 그리고는 나에게 초음파 검사를 하는 게 좋겠다고 말했다. 그리고 폐 쪽으로도 X-ray를 같이 찍어 보는 게 좋겠다면서 검사 처방전을 작성했다. 그때 나는 왜 그가 X-ray까지 찍으라고 하는지 이유를 몰랐다. 나중에 생각해보니 만약 그게 림프샘 암이라면 폐까지 전이되었는지를 같이 확인해보고자 함이라는 걸 알게 되었다.

　검사 예약이 되었고 일정은 3주 후에 잡혔다. 검사를 기다리는 3주간 내 마음은 생전 처음 겪어보는 세계에 가 있었다. 머릿속은 정말 바빴다. 모든 경우의 수가 다 돌아다녔다. 진작 보험을 더 많이 안 들어놓은 게 제일 마음에 걸렸다. 물론 집에는 일절 알리지 않았다. 알릴 수가 없었다. 아직 확실하지도 않은 일에 집안까지 지옥처럼 만들 수는 없는 일이었다. 후에 정밀검사 결과 아무 이상이 없는 걸로 판정이 났다. 그때 나는 사는 일이 이렇게 한순간 지옥이 될 수도 있음을 알게 되었다.

　이민 생활의 삶은 늘 빠듯했다. 특히 이민 초기엔 지극히 제한된 재정

나를 가장 빛나게 만드는 사람은 나 자신뿐이다

밖에 없어서 모든 신경이 거기에 있었다. 이런 때 한국의 어떤 큰 도움으로 돈을 빌려 집을 살 수 있었다. 그러나 2009년도 무렵 미국 부동산 사태가 경제 전반에 미친 파장으로 그동안 조금 모아 놓았던 돈과 함께 빌렸던 돈으로 산 집은 쇼트세일(short sale)에 처분할 수밖에 없게 되었다.

미국의 쇼트세일은 집 소유자가 은행에서 빌린 돈을 갚을 능력이 없어 집을 포기하는 절차를 말한다. 따라서 신용이 생명과 같은 미국에서 쇼트세일은 파산 직전의 어려운 결정이다. 매매라고는 하지만 집의 소유자가 받게 되는 돈은 물론 한 푼도 없다. 신용도 한순간 다 망가지게 된다.

이 일은 나중에 한국의 채권자가 소송을 해서 부득불 파산 신청을 할 수밖에 없게 되었다. 당시로는 도무지 변제의 능력이 없었다. 채권자에게는 정말 면목이 없는 일이었지만 내가 제시할 수 있는 최선의 해결책에 동의하지 않고 그냥 소송으로 가는 바람에 결국 파산으로 끝이 나고 말았다. 그러나 이 마음의 빚은 파산과 상관없이 다시 갚을 수 있기를 희망하고 있다. 이 일은 내 인생의 이력에 파산까지 얹게 된 일이었다.

지난 18년간 미국에서 일하면서 가장 재미있게 일을 하던 때가 최근 7년간이었다. 팀도 꽤 많이 성장해서 디스트릭트 에이전트로서 회사 내에서 톱을 계속 유지했었다. 우리 한국인 팀으로 만든 일이어서 상당히 즐거운 일이었다. 그러나 어느 땐가 이 팀을 모두 떠나보내야 하는 일이 발생하고 말았다. 분명히 나의 불찰이 원인이 되었으리라 생각한다. 사람 마음이야 짐작하기가 어렵고 하루에도 수없이 바뀌는 사람 마음을 다 알 수는 없는 일이다. 그냥 벌어질 일이 벌어진 것으로 생각했다. 내 사람을 철저히 믿는 나에게 벌어진 진짜 새로운 경험이었다.

위에 언급한 일들은 모두 나의 계획에는 없던 일들이었다. 또 나의 인생철학이나 신조와도 안 맞는 일이다. 그렇지만 때가 되면 이런 일들은 일어난다. 중요한 것은 이런 일들의 전후를 생각해보는 일이다. 만약 그 후에 더 침체하고 일어나지 못했다면 이런 일들은 정말 재앙일 것이다.

낙담은 순간이지만 하나님은 그런 일들로 새로운 눈을 갖게 하시고 또 새로운 사람들을 만나게 하셨다. 그로 인해 새로운 인생의 기술을 배우게 하신 것이다. 이는 새로운 차원의 세계가 열리는 기회가 되었다.

나는 이런 일들 뒤에 감춰진 기적을 믿는다. 그것을 믿을 수 있다면 이런 일을 당할 때도 더 나은 다음 일들을 능히 기대할 수가 있을 것이다.

04

그만두고 싶을 때
딱 한 걸음만 더 나가라

/

"한 걸음씩이라도 걷다 보면 목적지에 닿을 수 있다.
멈춰 서면 그 이상 앞으로 나아갈 수 없다. 노력이란 평범한 것일지도 모른다.
하지만 평범한 일을 꾸준히 지속하면, 분명히 비범한 일이 된다."
— 이케다 다이사쿠 (작가)

셰넌도어 트래킹의 경험들

2009년부터 2014년까지 매주 토요일마다 날씨에 상관없이 산행을 다녔다. 산을 탔던 이유는 순전히 건강 때문이었다. 일에서 오던 스트레스가 전부 과체중으로 증상이 나타나 오로지 살기 위해 산을 타기로 선택했었다.

이 셰넌도어에는 상당히 많은 유명한 등산로들이 있다. 대표적인 올드랙 트레일, 남부 조오지아주에서 메인주까지 연결되는 애팔래치안 트레일, 메리스 락의 정상 트레일, 림버로스트 트레일, 루이스 폴 트레일, 세다 런 트레일 등등 이루 말할 수가 없다. 6년이나 탔음에도 아직 이름도 못 들어본 곳이 태반이다.

산을 타기 시작하면서 첫 두 달은 그야말로 죽음의 행군이었다. 한국에서나 미국에 와서도 산을 탈 기회가 전혀 없었던 데다 체중이 엄청 늘어 등산은 정말 힘들었다. 특히 맨 처음에 참가했던 패스 마운틴(Pass Mtn)의 경우엔 정말 포기하고 싶었다. 나를 특별히 배려해 난이도가 심하지 않고 비교적 거리도 짧은 코스를 선택했다는 산행 리더의 설명이 있었지만, 나에겐 그야말로 지옥과도 같았다. 28인치의 허리였던 내가 36에서 38로 넘어가는 덩어리가 되어 산을 타는 모습을 생각해보면 쉽게 이해가 될 듯하다.

어쨌든 살기 위해서라도 열심히 빠지지 않고 따라다녔다. 처음의 6~7번은 몹시 힘든 산행이었다. 그렇지만 몸은 천천히 적응하는 듯했다. 조금씩 호흡도 좋아지기 시작했다. 그리고 다리에도 힘이 늘었다. 그리고 6개월이 넘어갈 즈음엔 선두 그룹에 따라붙을 만큼 체력이 생겼다.

그렇지만 산을 타러 출발할 때마다 매번 걱정이 앞섰다. 오늘도 과연 끝까지 잘 마칠 수 있을까? 가끔 난이도가 적은 소풍 같은 산행을 하면 얼마나 좋았는지 모른다.

나를 가장 빛나게 만드는 사람은 나 자신뿐이다

셰넌도어의 가장 유명한 등산로 중에 올드랙(Old Rag)이 있다. 셰넌도어의 잡지를 들추면 아마도 제일 먼저 이곳의 사진이 뜰 정도로 유명하다. 난 이 산의 악명을 익히 듣고 있었다.

보통 산행 리더는 주중에 어디를 갈 예정이라고 미리 공지를 해주는데 그 주엔 전혀 연락이 없었다. 그러다 산행지로 가는 날 아침, 차 안에서 그날의 예정지가 올드랙이라고 알려주었다. 이런! 난 전혀 마음의 준비가 안 되었는데 마침내 죽음의 날이 온 것이다. 한 시간을 이동해 드디어 주차장에 도착했다. 그리고 그날의 산행에 관한 안내와 주의사항을 들었다. 상당히 바위가 많고 특히 미끄러우니까 조심해 달라는 당부였다.

정상까지 한 발자국씩 오르기

산 중턱까지는 보통의 산행이었다. 특별히 어렵지 않았다. 그러나 중턱을 넘어가면서부터는 제법 큰 바위들이 길을 가로막았다. 그리고 그곳부터는 계속 바위를 타는 게 일이 되고 말았다. 몸이 제법 불어난 나에게는 전혀 쉽지 않았다. 어떤 곳은 너무 좁아 내 몸으로는 통과할 수가 없어 위험한 바위 주위로 아슬아슬하게 돌아가야 하는 곳도 제법 있었다.

머릿속은 온통 후회로 가득 찼다. 다시는 내가 산에 따라다니나 봐라. 여기서 차라리 돌아 내려갈까? 혼자 내려가면 길은 찾을 수 있을까? 진작 말을 해줬으면 오늘 빠졌을 텐데…. 꼬리를 물고 여러 생각이 지나갔다.

온몸에 땀이 흐르고 손은 바위를 타느라 거칠어졌다. 스틱은 일찌감치 배낭에 꽂고 그냥 네 발로 몇 시간을 기어 산을 올랐다. 바지나 옷들도 바위에 스쳐 엉망이 되었다. 남들은 중간중간 아래의 경치를 보며 감탄도 하고 사진들도 찍고 그랬지만 내겐 전혀 그런 정신적 여유가 없었다.

그냥 한 걸음씩 걸었다. 그리고 바위 하나하나를 모든 신경을 집중해 올랐다. 그 외의 다른 생각은 일절 할 수도 없었다. 언제쯤 정상에 닿을지도 몰랐다. 호흡을 아껴야 해서 말도 일절 하지 않았다. 가져간 물의 절반을 이미 다 마셔버렸다.

그렇게 앞에 있는 바위만 바라보며 두어 시간 오르고 있을 때, 어느 순간 소리가 들렸다.

"정상이다!"

정신을 차리고 보니 정상까지 바위가 불과 몇 개 안 남아 있었다. 마지막 힘을 다해 드디어 정상 가까이 도착하자 거기에 작은 안내 표지판이 하나 보였다. 그리고 그 안내를 따라 드디어 정상으로 올랐다. 세상을 모두 다 얻은 순간이 거기에 있었다. 지금도 사진을 보면 그 정상에서 찍은 나의 모습이 가장 멋져 보인다.

사실은 나중에 이보다 훨씬 힘든 산을 타게 되었다. 그 산의 이름은 로벗슨 마운틴(Robertson Mtn)이었다. 나선형으로 끝없이 위로 향해 있어 정말 지루하고 힘이 들었다. 앞의 올드랙은 길기는 했지만 직선 코스여서 그 끝까지만 오르면 바로 정상이 나왔는데 여기는 그런 코스가 계속 반복되어 아무리 올라가도 끝이 안 보였다. 진짜 한 걸음만 더 옮기자고 마음을 추스르면서 발걸음을 떼었던 진짜 힘들었던 코스였다.

이렇게 산행하던 일은 나의 건강과 체력에 엄청나게 좋은 영향을 미쳤다. 힘이 들어도 포기하지 않는 끈기를 갖게 했고 6년간 다닌 수많은 산의 정상에서 세상을 굽어보는 기회를 가질 수 있었다.

정신적으로도 내가 미처 깨닫지 못한 힘을 많이 얻었다. 아무리 힘이 들어도 반드시 끝이 있어 정상에서 갖게 되는 희열들을 내 안에 간직할 수 있었다.

내게 필요한 것은 바로 그런 승리의 순간에 느끼는 감정들이었다. 바로 그런 느낌이 나에게 가슴 뛰는 열정을 만들어주곤 했다. 지금도 어떤 일에 힘이 들면 많은 생각을 하지 않는다. 단지 당장 한 발자국을 떼는 것만 생각한다. 그로 인해서 지금까지 걸어온 길이 미국 생활의 지난 18년이었다.

"한 발자국만 앞서라. 모든 승부는 한 발자국 차이이다." (이건희)

나를 가장 빛나게 만드는 사람은 나 자신뿐이다

나는 실패와 낙담 뒤에 감춰진 기적을 믿는다.

2장_쉽게 포기하는 것도 습관이다

05

하나님은 아무도 포기하지 않으신다

/

"이 하나님은 영원히 우리 하나님이시니
그가 우리를 죽을 때까지 인도하시리로다."
– 성경 시편 48 : 14

도무지 알 수 없던 길들

언젠가 마음이 아주 힘들던 때가 있었다. 애초의 계획은 미국의 Dallas Theological Seminary(DTS)로 유학하러 가기로 예정되어 있었다. 일 년 여를 꼬박 준비하면서 유학을 진행했다.

당시의 DTS 학장은 유명한 복음주의 목사이며 교육자인 찰스 스윈돌(Charles Swindoll) 목사였다. 나도 그분의 책을 읽은 적이 있었다. 그 스윈돌 목사가 써준 입학허가서도 일찌감치 받아놓았고 필요한 서류들은 차질없이 준비되고 있었다.

나를 가장 빛나게 만드는 사람은 나 자신뿐이다

미처 시간 내에 치르지 못해 성적이 없었던 언어 시험은 미국 출장길에 DTS에 들러 학교 테스트로 통과했다. 이건 당시에 거기서 공부하던 친구 목사님의 도움으로 얻은 특별한 학교의 배려였다.

마지막 나머지는 비자만 받으면 되는 터였다. 비자 서류는 요구하는 게 참으로 많았다. 미 대사관은 비자 심사를 할 때, 유학으로 미국에 들어가는 사람은 공부가 끝나도 자기네 나라로 돌아가지 않으려 한다는 전제하에 서류 심사를 한다고 한다.

그래서 유학을 준비하는 사람은 공부를 마치면 반드시 자기네 나라로 돌아갈 수밖에 없다는 것을 증명해야 한다. 나 같은 경우는 지금 안정된 직장에 다니고 있는 중년의 나이에 왜 다시 공부하러 가야 하는지에 질문이 있었다.

그래서 당시에 함께 나와 함께 근무하던 회사의 미국인 재정 담당 이사가 써주는 개인 편지를 동봉했다. 그는 내가 반드시 약속을 지켜 돌아올 것이라는 자신의 소견을 친절하게 써주었다. 같은 미국인이면서 유명한 미국 기업의 재정 담당 중역이 서주는 보증은 효력이 있을 거라 믿었기 때문이다.

공부하는 동안의 재정 문제는 내가 공부하고 돌아오면 함께 협동으로 일하게 될 교회에서 보증해주었다. 그리고 돌아오면 거기서 일하게 될 것도 아울러 확인을 해주었다.

그리고 회사에도 미리 사직할 날짜를 알려주어 인사가 공백이 안 생기도록 조치하였다. 그리고 당시 거주하던 아파트도 매각하였다. 그 아파트도 명의 때문에 문제가 있을 수도 있었지만 아무런 지장 없이 잘 처리가 되었다. 공부하는 동안 한국의 내 재정을 관리해주기로 했던 집사님과도 다 이야기가 되어 나의 공부 기간 아무 탈 없이 전념할 수 있도록 준비했다.

이처럼 그때까지 내게 주어진 모든 신호는 '그린'이었다. 어느 것 하나 막히는 게 없었다. 나는 하나님이 기뻐하시는 일이 당연하다고 믿었다. 그 당시 한국에는 DTS 학교 출신들이 다방면으로 좋은 영향을 미치기 시작하고 있었다.

이뿐 아니라 내가 다니던 회사를 그만둔다는 소식을 들은 다른 다국적 회사에서 내게 러브콜을 보내왔다. 회사를 그만둘 당시의 내 위치는 안전 환경을 담당하던 포지션이었는데 우리의 세계적인 관리 시스템을 원했던 그 회사는 내게 담당역을 부탁해온 것이다. 이 회사에 나를 추천한 분은 나와 함께 근무하다가 그 회사의 인사 담당 중역으로 간 분으로 나와 사이가 각별했다. 그간 연락을 유지하다가 마침 내가 회사를 그만둔다는 것을 알고는 그곳으로 추천을 한 것이다. 고맙지만 당연히 고사할 수밖에 없었다.

드디어 예약된 날, 우리 가족은 미 대사관과의 인터뷰를 위해 울산에서 서울로 올라갔다. 당시는 미국의 9월 학기와 맞물려 대사관 앞은 그야말로 장사진이었다. 그 긴 행렬을 기다려 마침내 우리 네 식구는 인터뷰 창구에 서게 되었다. 담당 영사는 우리를 흘낏 바라보고는 아무 질문이 없었다. 그냥 나의 신분만 확인한 채 서류만 넘기고 있다가 서류들 위에 붉은 펜으로 죽죽 모두 그어버리면서 비자를 줄 수 없다고 말했다. 자기로서는 그렇게 좋은 입지에서 갑자기 공부하러 간다는 게 이해를 할 수 없다는 설명이었다.

참담했다. 일 년여를 그처럼 꼼꼼하게 제반 사항들을 확인하고 또 확인해 준비한 모든 것들이 불과 1분도 안 되는 시간에 모두 무산되고 말았다. 이의를 말하고 싶어도 그럴 기회조차 주지 않았다. 무슨 서류를 더 보완해오라는 말도 없었다. 그러고는 이미 내가 갖고 있던 10년짜리 상용비자마저 취소시켜 버렸다.

갑자기 우리 가족은 황망한 얼굴로 낯선 서울 거리로 밀려 나왔다. 나도 그렇지만 아내와 어린아이들의 얼굴이 너무 무참했다. 당연히 비자가 아무 문제 없이 끝나 그날 저녁은 우리 가족의 파티 날이었을 거라고 믿었는데 모두 순식간에 날아가버리고 말았다. 우리 가족은 모든 일정을 취소하고 울산행 고속버스에 몸을 실었다. 그때 나의 머릿속은 마치 스타워즈의 황량한 광야의 한 장면 같았다.

이 일은 아내에게 큰 스트레스가 되었던 모양이었다. 어느 날인가부터 아내는 몸무게가 쭉쭉 빠지고 있었다. 땀도 많이 흘리고 외관이 눈에 띄게 달라졌다. 교회의 목사님이나 주위의 사람들이 걱정하였다. 급히 병원에 가 진찰을 받은 결과 갑상선 항진증이었다. 갑상샘 관련 질병은 그 주요 원인이 스트레스가 많은 걸로 알고 있었는데 이번 일을 겪으면서 마음이 여린 아내에게 많은 부담으로 작용한 것이 분명했다. 약을 처방받고 위기는 넘겼지만 내겐 충격이었다.

이 일 후 회사는 내가 3개월 더 다닐 수 있게 배려를 해주었다. 그동안 나는 내게 어떻게 길이 열릴지를 세심히 관찰해야 했다. 먼저 공부를 하여야 했으므로 그 대안을 찾아야 했다.

조용하신 하나님

하나님께 물었다. 준비 과정의 모든 사인을 그렇게 '그린'으로 보여주

나를 가장 빛나게 만드는 사람은 나 자신뿐이다

시고는 왜 마지막에 이렇게 만드신 이유가 무엇인지 물었다. 그동안 묵상 중에 많은 이야기를 들려주시던 분이 갑자기 조용해지신 이유가 정말 궁금했었다. 준비하던 동안의 나의 묵상은 그야말로 한 권의 시편을 쓸 만큼 내용이 많았다. 그런데 갑자기 조용해진 것이다.

그즈음 어느 날, 계좌를 정리하러 인근의 은행에 갔다가 기다리는 동안 대기 테이블에서 '빛과 소금'이라는 목회 관련 잡지 하나를 우연히 발견하게 되었다. 거기에 'Bible College of New Zealand'라는 신학교가 간략하게 소개되어 있었다. 조금 읽어보니 나의 공부 방향과 어느 정도 맞는 것 같았다. 집에 돌아와 약간의 조사만으로도 그 학교의 수준을 알 것 같았다. 뉴질랜드라는 나라는 생소했지만 그건 아무 문제도 되지 않았다.

이때부터 나의 마음이 그곳으로 열렸다. 우선 뉴질랜드라는 나라에 대해서 아는 바가 너무 없었다. 그래서 뉴질랜드 대사관에 유학 절차에 대해 문의를 하였다. 안내를 맡은 분이 나의 배경을 묻더니 체크시트를 하나 보여주면서 나의 점수를 확인해보라고 했다. 예상되는 점수를 이야기했더니 내 경우는 뉴질랜드에 영주권을 받아서 가면 되니까 굳이 유학생으로 진행할 필요가 없을 것 같다는 의견을 말해주었다. 나는 그 두 가지의 차이가 무어냐고 물었다. 그녀는 내가 영주권자로 받을 혜택을 이야기해주었다. 저렴한 학비, 의료 혜택, 아이들 수당 등….

뉴질랜드에서 공부를 다 마치고 어느 날, 오레와 비치를 달리던 길에 하나님께 다시 물었다. 이렇게까지 해주실 것이었으면서 그때는 왜 아무 말도 하지 않으셨어요?

"아들아, 넌 내가 너한테 얼마나 크게 말했는지 모르지? 너는 아무리 말해도 듣지를 못하더구나."

'나의 앞에 계신 주님, 나의 눈동자에 주 있게 하소서
나의 머리 위에 계신 주님, 나의 머리 들어 주 바라보게 하소서
나의 좌우 옆에 계신 주님, 나와 동행하시는 줄 알게 하소서 (후략)'
(송명희)

인내는 성공을 얻는 기술이다

/

"'그건 할 수 없어.'라는 말을 들을 때마다
나는 성공이 가까웠음을 안다."
– 마이클 플래틀리 (탭 댄서)

사람마다 인내의 다른 경험들

위키백과에 의하면 인내는 괴로움, 슬픔, 억울함 등을 참는 것을 말한다. 내게 인내라는 단어가 떠오르면 맨 먼저 연상되는 이야기가 하나 있다. 어릴 적에 있었던 이 이야기는 나에게도 무의식적인 영향을 미친 듯하다.

고교 시절, 교회에서 하던 청소년팀(Youth) 캠프에 참가했을 때의 일이다. 어느 날 아침 그룹 QT(Quiet Time, 기독교적 묵상)를 하면서 물가의 큰 정자나무 아래 모인 우리 그룹에 토론이 하나 벌어졌다. 순교에 관한 이야기였다.

우리 중의 어느 심각한 형제 하나가 뚱딴지같이 물었다. 만약에 우리에게 신앙을 포기하도록 강요당하는 상황이 닥쳤을 때 어느 정도의 고문까지 견뎌내야 하느냐는 질문이었다. 포기 못 한다고 단번에 처형해버리면 그나마 나을 텐데 그렇지 않고 힘든 고문을 오랫동안 한다면 과연 견뎌내겠느냐는 질문을 했다. 그 형제는 심각하게 그걸 자기 믿음의 척도로 재어보는 것 같았다. 이 질문은 지금껏 기억으로 남아있다.

만약 이런 정도를 견뎌내야 하는 경우가 인내라면 난 일찌감치 내 머리에서 이 단어를 지워버렸을 것이다. 도무지 견뎌낼 자신이 없기 때문이다. 다행히도 내가 지금까지 사는 동안은 이런 정도의 심각한 선택을 해야 하는 경우는 물론 없었다.

사람마다 사는 동안 자신이 견뎌 내야 하는 삶의 무게가 있을 것이다. 어떤 사람에게는 그게 견딜 수 없는 고통이어서 스스로 목숨을 포기하는 수밖에 없었노라는 말을 하기도 할 것이다. 설사 그렇게까지는 아니라 하더라도 누구나 모두 자신에게 주어진 삶의 무게를 안고 간다. 여기서 나눠보고 싶은 생각은 이런 무게를 어떻게 받아들이고 있느냐는 것이다.

나를 가장 빛나게 만드는 사람은 나 자신뿐이다

얼마 전에 페이스북에 올렸던 글을 하나 소개해본다.

"Driving to Shenandoah…".

아침 9시경. 셰넌도어 스카이라인 입구에 도착하니 빗방울이 후드득. 위로 올라갈수록 안개가 옅게 깔리기 시작한다. 중간마다 차에서 내려 주차장 주위의 등산로들을 몇 군데 짧게 걸었다. 가랑비가 내리지만, 숲속이라 소리는 요란해도 별로 옷이 젖지는 않는다. 비 맞으며 걷는 이들이 만나 외치는 인사말. 얼굴에 신남이 담뿍 담겨 있다. 'Beautiful day, isn't it?'

예전 미국 처음 왔던 때의 추억이 떠올랐다. 그 당시, 일자리가 전혀 없었다. 몇 주째 비만 추적추적 내리던 3월의 어느 토요일, 오늘처럼 아내랑 이곳에 왔었다. 당시엔 절망감의 끝이 보이질 않았다. 아침마다 혼자 하던 큐티가 유일한 긍정이었다. 그때에 비하면 지금은 실수로라도 불평을 하면 절대로 안 된다는 생각이다. 하여 오늘은 우연히 아내랑 감사의 제목들을 생각해보는 시간이 되고 말았다. 그린 속을 달리면 생각이 많이 차분해진다. 스카이라인의 안개 속 길들은 삶의 여정을 예시해주는 듯하다. 우리가 눈으로 보는 세상이 실상이 아니라는 지혜의 말을 기억하게 한다."

미국이라는 생판 모르는 나라에 와서 일자리가 없어 아내의 등에 얹혀 살던 가장의 심정 같은 것은 누구라도 조금씩 경험을 했을 것이다. 난 평소에 문제해결 능력이 꽤 있다고 생각해왔다. 그렇지만 이민 초기의 이때는 정말 앞이 캄캄했다.

오죽하면 끝없이 캄캄한 터널을 걷는 것 같았을까. 자살을 선택하는 사람의 마음을 처음 이해할 수 있을 것도 같았다. 한참의 시간이 지난 후에야 아내한테 이때의 마음을 털어놓을 수 있었다. 정작 중요한 건 그런 시간을 잘 견뎌내었고 지금은 그 일을 회상하는 글을 쓰고 있다는 사실이다.

어떤 걸 볼 것인가?

만약 우리가 인내라는 단어를 견뎌내야 한다는 것에만 초점을 맞춰 생각한다면 정말 피곤하다. 앞에서 문제를 제기한 형제처럼 우리는 영원히 그런 힘을 갖지 못할는지도 모른다. 왜냐하면 스스로가 인내할 능력이 없다고 생각하는 데서 오는 절망이 크기 때문이다.

공포에 빠진 눈에는 어떤 문제든 실제보다 훨씬 크게 느껴지기 마련이다. 감정에 생긴 허상을 진짜라고 믿어버리게 되면 사람은 극단으로 가게 되어 있다.

그래서 나는 어려울 때마다 관점을 바꿔보려고 시도한다. 관점은 내가 눈만 돌리면 얼마든지 가능한 일이다. 기왕에 당한 일은 당한 일이지만 그 순간을 잘 넘기기만 하면 얻어질 것에 대한 기대감으로 마음을 채우는 것이다. 이렇게 약간만 생각을 바꿔도 문제는 갑자기 꼬리를 내린다. 우리의 의식이 다시는 문제를 인정하지 않기 때문이다. 그렇게 되면 폭우처럼 내리는 빗속에서도 춤을 출 수 있을 것 같다. 내가 지금까지 살아온 경험에 의하면 우리에게 인내가 필요할 만큼 닥친 상황들은 절대 그게 끝이 아니었다. 그것들은 반드시 다음 어딘가로 이어지게 되어 있었다.

나를 등지고 떠난 사람이 있다. 그 일로 인해서 많은 걸 포기해야 했다. 하는 일에도 많은 궤도 수정을 해야 했었다. 어느 날 갑작스러운 그의 전화를 받았다. 정말 선뜻 받기 어려운 전화였다. 몇 번 울리던 전화를 겨우 받았다. 그는 힘들게 전화를 걸었노라는 이야기를 먼저 했다. 예전 같으면 한참 농담도 하고 사는 안부도 물었을 텐데 그렇지를 못했다. 이때의 소회를 SNS에 실었다.

"주일 저녁 시간, 책상에 앉아 한 가지 마무리를 하고 있는데 전화가 울린다. 아는 이름이긴 한데 어쩔 수 없이 기억에서 '열심히' 지우고 있는 이름이었다. 정말 용기를 내서 하는 전화가 맞을 것이다. 담담하게 받았다. 예전처럼 정답게 나눌 이야기가 없다는 사실이 마음에 걸렸다. 그는 힘든 마음을 갖고 살았을 것이다. 덕분에 내가 책 쓰는 사람이 된 걸 알기나 할까?

내가 지금껏 사는 동안 가끔 나한테 닫힌 문들은 그게 끝이 아니었다. 그건 또 다른 문으로 들어가는 때가 되었음을 알리는 시간이었다. 마치 다른 차원의 시간으로 들어가듯이. 닫힌 문! 그걸 어떤 눈으로 보느냐에 따라 다음 문의 질이 달라지곤 했다. 난 늘 더 좋은 문으로 따라가는 선택을 하곤 했다는 사실이 떠올랐다. 그래, 그러면 된 거지. 내 뒤에 있는 문들의 세상은 남은 자들의 몫이다."

이 전화를 받던 나의 시원한 마음은 비길 데가 없었다. 그저 인내의 보상이라고 생각되었다. 이 일은 내가 정말 많은 것을 배우는 인생의 기회가 되었다. 이와 같은 결과는 내가 힘들었던 순간에 내가 선택했던 좋은 결정 때문에 얻어진 것임이 틀림없다.

나는 자신에게 당당한 인생을 살고 싶다. 그래서 내게 던져진 비난들에 대하여도 한마디 반응을 하지 않으려 했다. 시간이 되면 스스로 나타날 것들만 그저 바라보면 될 일인 것이다.

나를 가장 빛나게 만드는 사람은 나 자신뿐이다

07

행동하는 자에게 기적은
반드시 찾아온다

/

"오늘 할 수 있는 일에 전력을 다하라.
그러면 내일은 한 걸음 더 진보한다."
— 아이작 뉴턴 (수학, 물리학자)

말만 하는 사람 vs 행동하는 사람

나는 말만 하는 건 딱 질색이다. 미국 살면서 보니까 여기 친구들은 행동보다 말로 때우는 경우가 너무 많다. 처음엔 사람들이 말하는 모든 걸 그 사람의 결의나 의지 또는 약속으로 받아들였다. 그런 의지들을 들으면서 나는 참으로 흐뭇했던 경우가 많았다.

하지만 종종 말만 좋은 걸로 끝나는 경우가 많았다. 나는 내가 듣고 싶은 말만 들었다. 너무 순진했기 때문이다. 이제는 사람들 말하는 걸 액면 그대로 다 받아주지는 않는다. 말만 앞세우는 건 정말 재미없다.

미국의 보험회사에서 매니저를 하면서 여러 종류의 사람들과 일할 기회가 있었다. 어떤 사람은 참으로 바쁘게 보인다. 항상 무언가를 하고 있다. 가만히 보면 누구한테 일을 맡기지를 못하고 본인이 다 해야 하는 타입이다. 그래서 출근하면서 집안일까지 다 가지고 와 회사에서 처리하는 걸 보기도 한다. 그뿐 아니라 자원하여 추가로 일을 더 맡는 걸 좋아한다. 그렇지만 정작 중요한 본업은 별로 실적이 없다. 출근을 매일 하면서 일에 관한 관심을 보이니까 그나마 다행이긴 하지만 대체로 너무 산만하다. 자세로 보면 일하는 모습이지만, 관리상 상당히 주의해야 한다.

이런 사람은 무언가로 시간 보내는 걸로 위안을 받는다. 역시 일의 우선순위에 문제가 있고 퀄리티 시간 관리가 당면 과제다. 겉으로 보면 다른 사람들보다 나아 보여 직책을 맡길 수도 있을 것 같지만 그런 경우 정말 조심을 해야 한다. 내 경험에 의하면 일하는 자세가 잘 고쳐지지 않고 자칫하면 남에게 모든 책임을 전가하는 수가 많다. 이런 타입은 제대로 일하는 사람은 아니다.

그런가 하면 매니저의 간섭이 전혀 필요 없는 그룹이 있다. 이들은 자신의 목표가 분명하다. 스스로 일정 기간 만들어내야 할 성과 치를 무슨 수가 있더라도 해내는 사람들이다. 매니저로서는 제일 바람직한 그룹이다. 이들을 동기부여 시키느라 별도의 감정 소모를 안 해도 되고 또 부서의 모든 성과를 앞에서 이끌고 가주어 가장 고마운 그룹이다.

매니저가 해야 할 일이란 그들의 수고를 알아주기만 해도 된다. 그리고 그들이 일하는 중에 생기는 어떤 비상 상태를 풀어주기만 하면 그걸로 충분하다. 전체 인원의 20% 이하지만 전체의 실적을 다 책임져준다. 가장 긍정적이고 스스로 충분히 동기부여 시키는 확실한 기준을 갖고 있다. 제대로 행동하는 그룹!

세 번째는 아마도 가장 의심스러운 그룹이다. 이들의 외모나 소통 기법은 가장 뛰어나다. 정작 문제는 아무런 결과를 못 만들어내는 데 있다. 말로써 사람들을 충분히 현혹하는 능력이 있다. 미국에 와서 본 가장 헷갈리는 사람들이다.

말콤 글래드웰의 저서 『블링크』에는 재미있는 이야기가 하나 소개되어 있다. 그것은 "워렌 하딩의 오류"이다. 워렌 하딩은 미국의 제29대 대통령이다. 부유한 아내의 도움으로 상원의원이 된다. 특별한 업적도 없었지만 대통령 후보가 되어 자신의 출중한 외모와 뛰어난 언변으로 유권자들을 사로잡아 결국 높은 지지율로 대통령에 당선되었다.

그렇지만 여기 그를 따르던 사람들이 범한 치명적 실수가 하나 있었다. 그의 출중한 외모에 압도되어 워렌 하딩의 본래 모습을 제대로 보지 못한 것이다. 그는 미국 정치사의 재앙이 되었다. 그가 재임 중에 한 잘 못된 인사로 인한 측근들의 비리가 잇따랐다. 그는 우유부단한 정책 결정으로 미국 경제를 혼란에 빠뜨렸고 결국 이것은 미국 대공황의 실마리가 되고 말았다.

그는 대통령 임기 2년 만에 심장마비로 숨을 거두고 만다. 그러나 그의 사망 후에 그 개인의 비리와 부도덕한 언행들이 천하에 드러나면서, 그의 죽음을 안타까워하던 국민마저 완전히 등을 돌리고 말았다. 그리고 지금은 역대 대통령 평가에서 언제나 최하위를 기록하고 있다.

이 워렌 하딩의 오류는 바로 사람의 외모와 감성만을 보고 판단했다가 겪는 실패를 말한다. 나도 이런 오류를 범한 적이 있어 가장 조심하는 부류의 사람들이다.

그리고 마지막의 그룹은 모든 게 미숙한 그룹이다. 스스로 목표 관리도 어렵고 동기부여도 안되고 책임감도 없다. 그리고 모든 필요한 자원들을 외부에서 공급받아야 하는 사람들이다. 또 누가 늘 옆에서 챙겨줘야만 한다. 고정급을 받고 일하는 직업을 갖는 게 맞는 그룹이다. 실적을 내야만 하는 영업과 같은 업종에서는 일하기가 어렵다.

나를 가장 빛나게 만드는 사람은 나 자신뿐이다

매니저로서는 일일이 동기부여에서부터 하나하나 다 챙겨줘야 하는 관계로 많은 에너지가 필요하다. 그리고 얼마나 더 버티면서 살아남을지도 미지수다. 이런 사람들은 영업 분야에서 살아남을 확률이 가장 낮다. 스스로 알아서 도태되는 그룹이다. 그래도 끈기만 있으면 할 만하기는 한데 그런 인재 만나기가 쉽지 않다. 전혀 행동하지도 그럴 의지도 없는 그룹이다.

결과를 만들어낼 줄 아는 사람들

경험상 개인적으로 가장 선호하는 사람들은 군 경력이 있거나 운동선수 출신들과 같은 그룹이다. 이들은 대체로 훈련이 잘 되어 있다. 일에 임하는 태도도 상당히 좋다. 그리고 전체적인 규칙도 잘 따른다. 전체의 흐름에 상당히 협조적이고 꽤 긍정적이다.

무엇보다도 내가 좋아한 점은 이들의 승부 근성이다. 남에게 지지 않으려는 그런 기질이 남들보다 유리한 위치에 오르게 하는 주요 원인이 된다. 그리고 이들은 인내력이 많아 초기에 어떤 거절을 당해도 꿋꿋이 견뎌내는 강인함이 있다.

다시 말해 포기할 줄 모르는 그룹이다. 약한 사람들은 밖에서 일을 당하고 오면 이런저런 불평으로 팀의 사기를 망쳐놓기 일쑤지만 이 두 유형은 그런 경우 오히려 자연적 리더로 등장해 전체 분위기를 다시 되돌려 놓는다.

그리고 대체로 손님들과의 관계가 좋다. 이들은 손님들과 그런 관계가 만들어지도록 정성을 많이 기울이는 것을 어렵지 않게 볼 수 있다. 남보다 더 오래, 더 멀리, 더 많이 수고하는 마인드셋이 되어 있는 그룹이다.

영업 실적을 많이 내는 사람은 고정급보다는 성과급 제도를 더 선호한다. 이들은 자기가 하는 만큼의 노력으로 최대 수익의 창출할 기회를 바라기 때문이다. 미국 보험업의 경우 보상 시스템이 상당히 잘되어 있어 본인 하기 따라 얼마든지 고수입을 만들어낼 수가 있다.

내가 사람을 뽑는 인터뷰에서 첫 번째 걸러내는 방법은 바로 이 성과급 제도에 대한 반응이다. 성과급에 대한 이해 정도를 물음으로써 그들의 도전 의식을 잘 관찰할 수가 있다.

나의 경우는 한국에서 고정급을 받는 일을 하다가 미국에 와서는 오로지 실적에 의해서만 돈을 벌 수 있는 영업일은 처음 경험했다. 이 일에서 18년째 일하는 동안 어느 하루 실적에 대해서 생각을 안 한 적이 없을 것이다.

영업 현장의 세계야말로 진짜 행동하는 사람들이 가려지는 곳이다. 오직 행동으로만 결과가 만들어지기 때문이다. 영업에서 배우는 인생의 기술은 정말 귀중하다. 포기하는 자는 어떻게든 포기하고 만다. 그들로서는 끈기가 주는 인생의 참된 기회를 알 도리가 없다. 따라서 행동하는 자가 받아야 할 면류관은 당연히 클 수밖에는 없다.

08

어떤 순간에도 이상주의자가 되라

/

"꿈을 꿀 수 있다면 행동할 수 있고,
행동할 수 있다면 원하는 대로 될 수 있다."
— 브라이언 트레이시 (자기 계발 컨설턴트)

세상은 얼마든지 바뀔 수 있다

앞에 글에서 관점 바꾸는 이야기를 잠깐 한 적이 있다. 관점이란 단어
는 내게 어떤 마법 같은 힘을 연상시킨다. 지금껏 사람이 지니고 살아왔
던 세상의 경험이 어떠했든지 상관없이 이 단어 하나면 얼마든지 다른
세계로 들어갈 수 있기 때문이다. 마치 전신에 힘이 쭉 빠져나갈 듯한 상
황이었을 때도, 어느 순간 갑자기 즐거운 표정으로 앉아 있을 수도 있다.
나의 목전에 펼쳐진 모습은 하나도 달라진 게 없지만 내가 느끼는 세상
은 완전히 달라졌기 때문이다.

112

나를 가장 빛나게 만드는 사람은 나 자신뿐이다

관점을 바꾸게 된 경험이 하나 있다. 예전에 뉴질랜드에서 살 때 갑작스러운 치통으로 응급으로 치과에 가야 할 일이 생긴 적이 있다. 아는 분의 소개로 오클랜드에 있는 치과를 들러 치료를 받았다. 이전에 치과를 간 적은 한국을 떠나기 전에 잠깐 받았던 외에는 그때가 처음이었다. 원래부터 치과를 지독히 싫어했는데 그 느낌이 너무 두려워 어지간하면 참고 살았다. 그런데 이날 치료받던 경험도 예외가 아니었다. 충치 치료 하나가 그토록 고통스러울지 몰랐다. 물론 마취했지만, 그 마취 자체의 경험이 더 안 좋았다.

나중에 미국에 오고 나서 10년쯤 지났을 즈음, 입안 왼쪽 아래 어금니가 통증과 함께 한동안 걸리적거리더니 빠져버리고 말았다. 그냥 놔둘 일은 아니었다. 생각해보니 임플란트를 해야 하는 데 드는 비용과 상상 통증으로 벌써 머리가 아팠다. 아내의 성화에도 불구하고 방치한 채 몇 년을 지나치고 말았다.

몇 해 전 한국에서 방문 중인 나의 페이스북 친구이신 선교사님 내외와 이곳에 사는 또 다른 페이스북 친구가 애넌데일의 식당에서 오프라인으로 모임을 하게 되었다. 서로 소개를 나누는 중에 이곳 친구분의 남편이 바로 치과의사임을 알게 되었다. 이때 퍼뜩 든 생각은 더는 미루지 말라는 신호처럼 여겨졌다. 며칠 후, 문자로 친구 크리스틴에게 예약을 부탁하면서 아이처럼 온갖 엄살을 다 떨었다. 절대 아프게 하면 안 된다고.

치료가 예약된 날, X-ray를 찍고 난 후 차트를 살펴보던 닥터 킴의 한 마디는 내게 세상에서 큰 구원의 날과 같았다. 어금니가 빠져 임플란트를 해야 한다고만 생각했던 이는 어금니가 아니라 바로 사랑니였다. 이것은 아무 때나 빼버려도 전혀 상관이 없는 이가 아닌가. 따라서 임플란트는 전혀 필요가 없었다.

닥터 킴은 오랫동안 이가 방치되었으니까 차제에 딥 클리닝 하기를 권했다. 그리고 그동안 밀렸던 충치 치료도 다 마무리하도록 도와주었다. 치료 중에 그가 내게 해주던 마취는 아주 섬세했고 통증이 거의 없도록 배려를 해주었다. 그의 치료로 나는 더 이상 치과 치료의 두려움에 머무를 필요가 없게 되었다.

이제는 정기적인 클리닝 및 약간의 이상이 생겨도 나 스스로 찾아가 의자에 눕는 형편이 되었다. 이런 관리 덕분에 지금 나의 치아는 내 나이에 비해 얼마나 깨끗하게 유지되는지 모른다. 큰 공포가 변해 복이 된 것이다.

사실 우리 나이에 이런 공포를 넘어서는 게 쉬운 일은 아니다. 긍정적인 경험 하나로 내 인생의 큰 짐 하나를 넘어선 셈이다. 주위 많은 친구

나를 가장 빛나게 만드는 사람은 나 자신뿐이다

들 중 임플란트 한두 개 하지 않은 사람이 없기 때문이다.

어떻게 생각해보면 이런 관점 바꾸기는 마음먹기에 달린 것처럼 간단한 일이겠지만 위에 소개된 닥터 킴과 같이 긍정적 도움을 주는 사람을 만나게 된다면 정말 수월하게 그 일을 이룰 수 있을 것이다. 따라서 나의 관점은 일종의 시스템처럼 관리한다. 다시 말하면 어떤 상황에도 내게 긍정을 유지할 수 있도록 환경을 조성하는 일이다.

1. 긍정적인 사람들에게 둘러싸여 있을 것(SNS 포함)

2. 매일 마음 챙김의 활동에 시간을 할애할 것

3. 양서들을 계속 읽고 기록을 남길 것

4. 어떤 경우에도 부정적인 말을 하거나 공개적인 부정적 의견에 마음을 주지 말 것

5. 내 뒷담화의 책임은 나의 문제가 아니라 그런 말 하는 그 사람이 책임질 일임을 잊지 말 것

6. 매일 하나씩의 긍정 포스팅을 할 것

7. 상상보다 좋은 툴이 없음을 기억할 것

8. 매일 한 꼭지의 글을 쓸 것

상상을 하는 한 이미 이상주의자다

힘들었던 시간에 우연히 알게 된 네빌 고다드는 나의 귀한 멘토이다. 나는 우리 아이들에게 어릴 때부터 자주 주문하곤 했다. 공부도 중요하지만, 머릿속에 늘 멋진 그림들을 한두 개는 갖고 다니라고 말이다. 너희가 커서 되고 싶은 가장 멋진 모습, 장차 만날 배우자들과 그로 이루게 될 가정의 모습, 살게 될 집이나 타고 다닐 자동차의 모습 등. 만약 그런 모습이 잘 안 그려지면 인터넷이나 책을 뒤져서라도 그림을 선명하게 만들어보라고 권했다. 그러면 아이들은 그렇게 하고 있노라고 내게 대답해주곤 했다. 그 당시에는 그림이라는 단어를 썼지만, 지금은 네빌이 말하는 '상상'이라는 단어를 사용한다.

내가 특히 좋아하는 그의 설명은 우리가 잘못되었던 과거로 돌아가 '교정'을 할 수 있다는 내용이다. 그에 의하면 문제가 있었던 우리의 옛날 그 시점으로 돌아가 '그때 이랬으면 좋았을 걸' 하는 내용으로 상상하면 어렵지 않게 우리의 뒤틀렸던 지난날들을 교정할 수 있다고 말한다. 그렇게 교정된 내용은 우리의 현재에 긍정적인 결과로 다시 나타날 수 있다고 한다. 절대 어렵지 않으면서도 가장 확실한 방법이라고 강조한다.

또 하나 네빌에게서 좋아하는 것은 우리의 심령에 올바른 생각을 하도록 하는 것이 바로 주기도문에 나와 있는 '우리에게 일용할 양식'을 공급하는 것이라는 점이다. 그가 가르쳐주는 방법은 바로 다음과 같다.

1. 고귀한 감정을 갖지 못했다면 그것들에 등을 돌려라.
2. 고귀하지 못한 느낌이 차지했던 자리에 새로운 느낌을 바꿔놓으라. 느낌을 바꾸기 전까지는 생각들을 바꿀 수 없다.

이런 내용은 내게 새로운 눈을 열어주는 것들이다. 바로 하나님이 나와 함께 하시며 나의 공급을 책임져주시는 내용을 깨닫게 해주는 것이다. 다른 게 아닌 바로 나의 감정들을 바꿔줌으로써 새로운 세상을 만드는 지혜를 가르쳐주는 것이다. 지난 시간 그의 가르침은 내게 많은 변화를 가져다주었다.

이로써 나의 새로운 팀은 이른 시일 안에 다시 만들어졌다. 기대보다 훨씬 좋은 모습이다. 그리고 나도 절대 만족스럽지 않았던 곳에 의식을 두지 않아도 되게 되었다. 따라서 내 안의 평안함이 영향을 받지 않도록 조용함을 유지할 수 있게 되었다. 그리고 그 일로 인해 내가 작가로 거듭나 내 생각과 경험을 세상에 내놓게 되었다.

나는 이미 이상주의자가 된 것이다.

"한 발자국만 앞서라. 모든 승부는 한 발자국 차이이다."
― 이건희

나를 가장 빛나게 만드는 사람은 나 자신뿐이다

2장_쉽게 포기하는 것도 습관이다

타인과의 비교는
불행의 시작이다

01

타인과의 비교는 불행의 시작이다

/

"우리가 평생 가져야 할 태도가 있다면,
지금 이 순간에 늘 감사하며 살아야 한다는 것이다."
— 랜디 포시 (교육자)

불행의 시작들

나는 시험, 시합이나 경연대회 같은 경쟁 제도를 별로 좋아하지 않는
다. 내가 어릴 때는 초등학교에서 중학교로 진학할 때조차도 입학시험을
치렀다. 그 어린 나이, 초등학교 시절에도 입시 준비에 얼마나 많은 애를
썼는지 모른다. 아침 꼭두새벽부터 밤늦게까지 한 해 동안 학교에 꼬박
붙들려 있어야 했다.

난 어릴 때부터 시험 운이 없었다. 중학교 시험을 재수하고도 계속 떨

어져 후기를 봐서 가야 했다. 중학교에서 고등학교에 갈 때도 전기에 떨어져 후기 시험을 봐 진학했다. 평상시 학교 성적은 전체에서도 늘 앞에 있었는데도 시험 운은 늘 나를 피해 다녔다.

나에겐 이런 현실이 아주 치명적이어서 어린 마음에도 안 해본 생각이 없었다. 고등학교 합격자 발표를 하던 날, 낙방을 확인한 후 학교의 교정을 나오면서 '이젠 죽어야겠다.'라는 마음밖에 없었다. 그날 내 행동이 이상했던지 지나가던 행인 아저씨가 내 어깨를 다독거려주며 힘내라고 말을 해주기도 했었다.

도대체 공부를 못하던 친구들도 아무렇지 않게 학창 생활을 했는데 나에겐 온통 잿빛 기억밖에 없다. 2차까지 떨어지고 3차로 간 녀석들도 그야말로 세상에 모든 걸 다 누리고 살았는데 내겐 그런 게 하나도 눈에 들어오지를 않았다. 그래서 나의 학창 생활은 딱 두 곳밖에 없다. 집과 학교. 학교를 오가는 길들도 항상 남들의 눈에 잘 보이지 않는 뒷길로 돌아서 다니곤 했다. 이런 이유로 나는 내가 다닌 학교에 대해서는 좋은 느낌으로 이야기를 해본 적이 한 번도 없었던 것 같다.

고등학교를 마치고 대학을 갈 즈음에는 진짜 제대로 승부를 내서 가고 싶었는데 이번엔 집안의 형편에 부딪혀 그냥 지방대로 진학할 수밖에 없

나를 가장 빛나게 만드는 사람은 나 자신뿐이다

었다. 원하는 대학으로 못 가는 바람에 괜한 심술로 공부를 거의 하지 않았다. 정말 상심이 컸었던 시절이었다. 그런데도 대학 입시의 계열별 모집에서 공대 전체 3등으로 입학해 장학금을 받았다. 그리고 일학년 첫 학기를 마친 나의 성적은 일학년 전체의 1위로 뽑혀 당시 국무총리 장학생으로 추천되기도 했었다.

그동안 나의 성적에 관한 이런 이야기는 어디 가서 해본 적이 별로 없다. 그냥 열등감으로 똘똘 뭉쳐 굴러다녔다. 늘 우울했고 사람들과 어울리지 않았고 말도 별로 없었다.

이 모든 것은 바로 비교의식 때문이었다. 내 안에 은근히 일찍부터 자라난 이 비교의식이 나를 짓누르고 나의 어린 시절을 지나 성인이 되어서도 계속 똬리를 틀고 있다가 기회만 되면 튀어나와 사람을 힘들게 만들곤 했다.

후지모토 사키코는 그녀가 쓴 『돈의 신에게 사랑받는 3줄의 마법』이라는 재미있는 책에서 이렇게 말하고 있다.

"남의 시선 따위 의식하지 말고 오로지 자신의 시선에만 집중해보세요. 그것만으로도 순식간에 '인생의 스테이지'가 껑충 뛰어오릅니다."

― 『돈의 신에게 사랑받는 3줄의 마법』 후지모토 사키코

그녀는 돈 때문에 불행했던 과거에서 벗어나 진정 어떻게 자신만의 행복을 찾았는지를 이 책에서 자신의 경험을 통해 기술하고 있다. 나 같은 경우엔 그 어린 나이에 등하굣길조차 남들이 잘 보이지 않는 뒷길을 따라 멀리 돌아다니곤 할 정도로 마음이 비참에 빠져 있었다. 도대체 사람들이 나에 대해서 어떻게 알고 있을 거라고 그런 행동을 했는지 정말 이해 불가였다. 후지모토의 말처럼 남의 시선만 의식 안 했어도 난 다른 친구들처럼 행복한 학창 생활을 할 수 있었을 것이다.

그러나 내 어릴 땐 그런 조언을 해줄 만한 사람이 아무도 주위에 없었다. 비교만 안하면 열등감에서 벗어날 수 있음을 나중에야 겨우 알게 되었다. 만약 사람의 행복은 경쟁에서 이겨서 생기는 것이 아니라는 지혜만 있었더라도 아마 나는 지금 훨씬 다른 모습이 되어 있을지도 모를 일이다.

진호의 스토리

미국에 살면서 홈스테이처럼 우리 집에 진호라는 아이를 데리고 있을 기회가 있었다. 우리가 미국에 있는 걸 안 지인이 함께 데리고 있어주기를 청해서였다.

중학교 때부터 우리랑 살게 된 진호를 학교에 데리고 다니면서 종종

나를 가장 빛나게 만드는 사람은 나 자신뿐이다

이야기를 나누곤 했는데 녀석은 참으로 흥미로운 아이였다. 우선 진호는 공부를 참 잘했다. 누구의 간섭도 필요 없이 스스로 알아서 공부하는데 곧잘 잘하는 아이였다.

그러나 더 흥미로운 일은 그는 화를 전혀 낼 줄 모르는 아이였다. 그가 어떤 일로도 찡그리는 모습을 한 번도 본 적이 없다. 한국에 있을 때부터 아주 엉뚱하게 자기가 하고 싶은 일은 뭐든지 다 하고 다녀서 부모님께 혼도 나곤 했었다. 그런데도 진호는 그런 때에도 전혀 미안해하거나 화를 내 대들지를 않았다. 설사 동생이 심하게 놀려도 그냥 웃기만 할 뿐 화를 내지 않는다고 했다. 어떻게 그럴 수 있느냐고 진지하게 물었더니 자기는 화가 마음속에서 일어나지 않는다는 대답을 해주곤 했다.

그가 재정적으로 넉넉한 집안 때문에 굳이 남들과 비교하며 살지 않아도 될 처지어서 그런가 싶기도 했지만 그건 이유가 아닌 듯했다. 내가 관찰한 진호는 자신의 세계에 온전한 모습으로 살고 있었다. 어느 것도 그의 자존감을 무너뜨릴 만한 것이 없어 보였다.

공부를 잘했지만 그런 이유로 자존감이 높은 것도 아니었다. 그의 안에는 화를 돋울 만한 기폭제가 없어 보였다. 내가 본 그의 자존감은 마치 공 모양의 온전한 모습으로 보였다.

보통 사람 안에는 분명히 어느 순간 폭발해버리고 마는 핫 버튼(hot button)이 있다. 그런 것들은 바로 어떤 감정에서 오는 것들이다. 무시를 당했다고 생각하든지 남보다 부족하다고 느꼈다든지 어느 순간 자신이 도무지 상대할 만한 능력이 없다고 느꼈다든지 하면 그냥 터져버리는 것이다. 이는 모두 열등감에서 비롯된 것들이다.

누군가 나한테 하던 이야기가 있다. 그는 내가 화를 내는 게 참 이상하다고 표현했다. 자기가 생각하기에 내가 당연히 화를 낼 거라고 예상하는 것에는 잠잠하다가도 아무것도 아닌 일에 화를 내어 놀라곤 한다고 말했다. 나도 그것을 어느 정도 알고 있다. 보통 사람들과의 관계가 무난하지만 내가 불필요하게 억울한 형편이 되었다고 생각될 땐 언제나 무너졌다. 이런 모습은 사람들 누구에게도 있을 것이다. 모두 비교의식이라는 괴물의 희생물이다.

만약 진호의 예에서처럼 남을 의식할 필요가 없다면 내게 영향을 미칠 일은 아무것도 없다. 바로 이런 일은 나를 둘러싼 세상에서 벌어지는 상황들을 바라보는 나의 시선을 바깥이 아닌 바로 내 안으로 돌릴 때만 가능한 일이다. 나를 격동케 하는 일이 없이 조용히 나를 바라보는 자신의 모습을 깨닫게 될 것이다.

모두에게 사랑받지 않아도 된다

/

"운명은 우연의 문제가 아니라 선택의 문제다.
그것은 우리가 기다려야 하는 것이 아니라 이루어야 하는 것이다."
– 윌리엄 제닝스 브라이언 (정치인)

왕따를 당해도 괜찮다

같이 근무하던 나의 사람들에게서 집단 왕따 비슷한 경험을 당한 적이
있다. 내 손으로 뽑고 또 승진시킨 매니저들이 내게 등을 지고 떠나면서
인간관계가 진공 상태로 들어가게 되었다. 어제까지만 해도 나의 지시를
받던 관계가 어쩐 일인지 하루아침에 그렇게 되고 말았다.

그들과 그들에게 속한 팀원들조차 그렇게 다 떠나가버렸다. 그러고는
마치 지금까지 아무런 관계도 아니었던 사람들처럼 깔깔대고 내 등 뒤에
서 웃었다. 나랑 더는 상관없게 된 것이 마냥 신이라도 난 듯 그들의 유

쾌한 목소리들은 허공을 날아다녔다. 사무실에 출근해도 더는 내가 함께 일할 사람이 아무도 없었다. 그렇게 다 떠나갔다. 같은 공간에 있었지만 난 그냥 노바디(nobody)였다.

그 이유를 캐보면 물론 나의 어떤 부분이 그들에게 원인을 제공했을 것이다. 그러나 이런 건 조직에서 말이 안 되는 일이었다. 사실 내가 그들에 관해 물어야 할 것이 훨씬 더 많았다. 그렇지만 난 그냥 다 받아들이기로 했다.

당연히 그 일들은 내게 상당히 큰 충격으로 다가왔다. 지난 몇 년간 다 내 손으로 뽑고 키운 그런 조직이었기 때문이다. 설사 내게 치명적인 문제가 있다 하더라도 그렇게 끝낼 수는 없는 일이었다.

그렇지만 난 누구도 탓하지 않고 조용히 모두를 보냈다. 그때 나는 간단하게 생각을 정리했다. 어차피 그 상태로는 더 좋아질 수 없는 형편이었기 때문에 나도 기꺼이 내려놓을 수 있었다. 앞으로 그들 자신은 스스로 자격 있음을 증명해야 한다. 이런 업계는 말이 필요없다. 능력을 증명해 보이지 않으면 아무런 소용이 없기 때문이다.

그래서 난 백의종군을 하기로 했다. 난 자신이 있었다. 당장의 쪽팔림(?)이 가장 큰 일이었지만 그건 곧 지나갈 것이었다. 밖에서는 그동안 나와 일하기를 원하던 회사들이 그 사태의 형평성을 물어 접촉해왔지만 그

나를 가장 빛나게 만드는 사람은 나 자신뿐이다

렇게 떠나는 건 너무 자존심이 상하는 일이었다.

그래서 잔류해서 다시 시작하기로 했다. 위에선 미안하지만 제발 그렇게 해서라도 내가 틀리지 않았음을 증명해주기를 바랐다. 사실 내겐 그들도 필요가 없었다. 아무리 좋은 말을 해도 결과적으로 그들은 모두 한편이었기 때문이었다.

나는 즉시 행동을 개시했다. 전체적인 계획을 다시 정리하고 몇 가지 원칙도 다시 세웠다. 예전처럼 나의 직속 라인을 허무는 실수를 하지 않도록 제반 기준도 점검했다. 그리고 나의 포지션 때문에 몇 년씩이나 하지 않던 다른 매니저나 톱 에이전트의 리쿠르팅을 다시 시작하는 한편, 다시 팀을 만드는 작업에 착수했다. 절대 나의 자율권을 빼앗기지 않도록 보완하는 방비도 함께 했다.

하지만 중요한 사실은 내가 정신적인 손상을 입었음을 부인할 수 없었다는 점이다. 그래서 팀이 제대로 잡힐 동안에 책을 읽으며 정신적으로 안정 찾는 작업을 해야 했다. 그래서 명상도 처음 시작하게 되었고 덕분에 많은 노트를 통해 기록을 하는 시간을 가질 수 있었다.

그런데 이 시간이 정말 나에겐 보석 같은 시간이 되어주었다. 아직 나를 떠나간 이들에 대한 앙금으로 전과 같은 표정으로 대하는 건 당장 쉽지는 않았지만, 어느덧 내 마음은 평정으로 접어들었다. 그리고 명상과 감사를 통해 더욱 많은 풍요를 느끼는 회복을 경험하게 되었다.

그 사이에 팀은 동부의 톱 에이전트인 파트너들을 몇이나 영입하게 되었고 지난 18년간의 내 보험업의 경험 중 최고의 트레이너도 합류해주었다. 이렇게 새로이 합류해주는 팀원들은 내가 말 한마디 안 했음에도 내가 받은 부당함에 대해 모두 알면서도 기꺼이 내게 힘을 보태주었다.

예전 같으면 이렇게 내가 리쿠르팅을 하면 밑의 매니저들에게 할당해주곤 했겠지만 이젠 그런 실수는 반복하지 않도록 물론 시스템을 보완했다.

이런 경험은 나에겐 지난 일들을 돌이켜보게 한다. 살면서 어떤 문이 하나 닫힌다는 사실은 절대 그게 끝인 법이 없었다. 그 문이 닫힘으로써 그 순간은 절망처럼 보이지만 자세히 보면 그건 반드시 다음의 더 좋은 기회로 넘어가는 전기가 되곤 했다.

그래서 나의 선언문엔 '가끔 문이 닫혀도 괜찮다.'가 담겨 있다. 그건 절대 어떤 상황에도 그걸 부정적으로 받지 말자는 나의 결단이다.

욕 좀 먹어도 괜찮다

전 같으면 난 남들이 내 뒤에서 하는 뒷담화를 아주 못 견뎌 했었다. 그

나를 가장 빛나게 만드는 사람은 나 자신뿐이다

러나 이젠 이런 것들은 나와 아무 상관이 없게 되었다. 남의 험담이나 하는 부류의 사람들이 다른 사람들을 좋지 않게 취급하는 건 결국 자신들이 책임질 문제이기 때문이다. 누구에게도 그런 것들로 인해 영향을 끼치지 못할 뿐 아니라 그 좋지 않은 영향은 결국 그들에게 모두 다 되돌아가게 되는 것이기 때문이다.

강북삼성병원 기업 정신건강연구소 전문의인 이승민 작가는 그의 책 『상처받을 용기』에서 모두에게 사랑받을 필요가 없다고 강조하고 있다. 또 나를 아껴주는 사람에게 더 집중하는 한편, 나에게 상처 주는 사람에게 끌려다니지 않음으로써 관계의 상처로부터 용기 있게 나를 지켜내는 법을 소개하고 있다.

그는 우리가 비난받는 이유는 우리가 멍청해서도 아니고 특별히 못났기 때문도 아니며, 그저 사람이 모두 다르기 때문이라고 말한다. 또 나에게 상처를 주는 사람이나 상황에 대해 단호하게 맞설 수 있을 때, 그리고 모두에게 사랑받을 수는 없다는 것을 자각하는 데서 문제를 해결할 수 있다고 말한다.

정신과 전문의인 작가는 그가 전하고 싶어 하는 내용으로 바로 대인 관계에서 인정과 사랑을 갈구하는 욕구가 제대로 채워지지 않게 될 때의 경우를 지적하고 있다. 이런 경우엔 사람들은 타인의 눈치를 보게 되고 또 쉽게 상처를 받는다. 그리고 그 과정에서 어떠한 관계에도 진실하게 집중하지 못하고 사람들과의 관계로부터 더 소외당하게 된다.

중요한 것은 '나는 참 괜찮은 사람'이라는 사실을 깨닫는 일이다. 이런 나에 대한 믿음은 자신에게 깊이 집중할 수 있을 때에야 비로소 가능하다. 상대방의 감정에 끌려다니지 않도록 하는 것이 가장 효과적인 대처법이다. 사람들이 날 비난한다고 생각해버리는 순간, 내가 있는 모든 곳은 지옥으로 변하고 말 것이다.

근거 없이 나를 비판하고 험담하는 사람들이 있다면 그들은 '원래 그런 사람'으로 여겨버리면 간단히 해결된다. 상대가 우리를 비난한다고 해서 그들의 의도대로 분노와 짜증에 내 감정이 휘말릴 필요까지는 없는 것이다. 이것만 명심하면 간단히 해결될 문제이다.

나를 가장 빛나게 만드는 사람은 나 자신뿐이다

03

타인에 대한 비교의식에서 벗어나라

/

"나를 둘러싼 장애들을 뛰어넘지 못할 때마다
부모나 사회 탓으로 돌리지 말고 나답게 자신의 인생을 뛰어넘어야 한다.
그것이 진정한 내 삶의 주인으로 사는 법이다."
– 센다 타쿠야 (경영 컨설턴트)

자신감 없던 지난 시간들

한국 사회는 철저한 학력 사회다. 입시가 뭐라고 어릴 때부터 그렇게 수많은 시험에 치여 살아야 하는지 모르겠다. 독자들 대부분 그런 시간을 보낸 경험이 있을 것이다. 그런 입시제도의 부담으로 인한 부작용은 한국 사람이라면 성장 기간에 자신감이나 자존감을 접고 지내게 하는 우울한 영향을 미쳤을지도 모른다.

우리나라 사람들처럼 비교의식에 민감한 사람들이 세상에 또 있을까?

3장_타인과의 비교는 불행의 시작이다

비교의식은 나와 같이 스스로 2류를 자처하는 사람에게는 열등감으로 작용을 했다. 그래서 늘 나는 불행했다. 어디 공적인 자리에 한 번도 자신 있게 나서지를 못했다. 지금껏 동창회 한 번 떳떳이 못 가본 것이 그 좋은 예다. 사회에 진출해서도 남들이 그렇게 보지 않을 것임에도 괜히 무시당하지 않으려고 엄청난 노력으로 직장생활을 해야 했다. 쉽지 않은 생활이었다.

드라마 〈미생〉은 한국을 넘어 해외까지 휩쓸었다. 미국에 살던 나도 그에 편승해 정신없이 보던 그런 드라마였다. 많은 부분에서 감정이입이 되었다. 다음은 그 드라마를 보고 나서 2014년도 페이스북에 올렸던 간단한 소회다.

"미생. 바둑에서 집을 다 아직 짓지 못한 대마 등을 말한다. 죽을지 살지 아직은 알 수 없는…. 어느 분의 추천으로 이 제목의 드라마를 권유받았다. 첫 편을 보면서 대학 졸업 후 직장생활을 겪으며 해냈던 치열한 경험의 기억이 이어졌다. 불량품이 출하되어 팀을 끌고 거의 전국을 돌며 전수검사 비슷하게 했던 끔찍한 기억도 새롭다. 공정 안정화를 위해 24시간씩 잠을 포기하고 맞교대를 해보던 기억도….

몇 개의 프로젝트 시험 운전을 하면서 수없이 많은 데이터를 모으던

나를 가장 빛나게 만드는 사람은 나 자신뿐이다

일들. 억센 현장 사원들의 공감, 위협⑦ 속에서도 결국 형제와 같은 우애를 쌓던 일들. 몇 나라를 돌며 현장 감사를 해보던 경험도 기억나고….
벨기에에선 새벽 한 시까지 미팅하다 포기하고 혼자 자버렸던 일도 있었다.

장시간 비행 후 미국에서 그다음 날 곧바로 회의하다 시차로 졸다 웃음바다가 되었던 기억도 있다. 그런 평생의 기운으로 미국에 와서 벌써 10년이 넘게 새로운 일을 하고 있다. 사람들의 차별, 의도적인 악의도 당해본 경험이 있었다.
'성취 동기가 강한 사람은 토네이도 같아서 주변 사람을 힘들게 한다. 그런데 그 중심은 고요하다.'
이 드라마, 내 젊은 날의 기억을 많이 생각나게 한다. 그래서 더 재미있다."

돌아보고 나니 정말 토네이도 같은 시간을 보냈다는 생각이 든다. 그때 결혼하여 아이들이 태어났지만 난 그 아이들과 시간을 보낸 기억이 별로 없다. 무시당하지 않으려고 매달린 직장생활이 내 생활의 가장 우선순위였다.

언젠가 읽었던 어느 목사님의 칼럼에 다음과 같이 소개되어 있었다.

3장_타인과의 비교는 불행의 시작이다

"C. S. 루이스는 '현대에서, 사단의 가장 예리한 무기가 바로 비교의식'이라고 했습니다. 비교의식 때문에 우리는 그 자체로서 아름다운 존재의 기쁨을 잃어버립니다. 수많은 현대인이 심한 스트레스와 우울증 가운데서 살아가고 있는데, 이런 정신질환적 증세의 대부분은 바로 이 비교의식에서 기인한다고 합니다."

사회의 참모습을 만나던 날들

내가 가졌던 '이류 콤플렉스'에 대해 생각을 바꾸게 된 결정적 사건이 있었다. 첫 직장에서는 치약 튜브를 조립해서 치약을 담아 생산해내는 공정이 있었다. 포장 설비가 자동 설비였는데 얼마나 정교했는지 모른다. 불량률이 그야말로 PPM(백만분의 1) 단위로 나오는 값비싼 수입 장치였다.

문제는 하청회사에서 부재료인 뚜껑을 납품 받아 사용했는데 불량률이 꽤 높았다. 검수 조건이 0.1%라고 해도 PPM 단위로 걸러내는 포장 설비에 투입되면 수시로 기계는 정지되곤 했었다. 그래서 검수 부서, 구매 부서 그리고 생산 부서는 늘 신경이 곤두서 있었다.

이 문제로 인해 회사는 내게 납품 업체를 돌아보면서 기술지도를 하라는 지시를 내렸다. 그래서 방문한 납품 업체들의 현황은 충격 그 자체였

나를 가장 빛나게 만드는 사람은 나 자신뿐이다

다. 우선 너무나 열악했다. 막상 가서 보니 왜 그렇게 낮은 품질의 뚜껑들이 납품되고 있는지 단번에 이해를 할 수 있었다.

공정들이 전혀 안정화되어 있지 않았다. 생산 작업을 하는 직원들의 학력도 고졸 사원도 별로 없어 보였다. 작업복도 입지 못하고 때 묻은 옷으로 일하는 그들은 자신들이 만드는 제품의 규격도 제대로 이해를 못 하는 것 같았다. 그뿐만 아니라 안전사고로 손가락 한 마디 정도 다친 사람들이 대부분이었다. 규격뿐만 아니라 안전 관리 역시 너무 허술했다.

이렇게 몇몇 현장을 돌아보고 나서 나는 비로소 내가 얼마나 선택받은 삶을 살고 있는지 조금이나마 알게 되었다. 출장에서 돌아온 나는 아내에게 내가 그동안 얼마나 잘못 살았는지를 고백할 수밖에 없었다. 내가 원하는 대학을 돈이 없어 포기하게 한 부모님에 대해 원망 아닌 원망으로 살았었는데 그나마 대학을 갈 수 있도록 해준 것이 얼마나 큰 감사 거리였는지 그때야 비로소 깨닫게 되었다.

또 하나의 비슷한 경험이 있었다. 나는 대학 2년을 마치고 나서 군에 입대했다. 논산 훈련소에 입소해 며칠 동안 혼이 쏙 빠지도록 당하고 난 어느 날, 40명 가까운 내무반에서 돌아가며 자기소개들을 하는 시간이 있었다. 그때까지 나는 모든 사람이 대학 정도는 다 다니는 줄 알았다. 그런데 그날 40명이나 되는 훈련병들 가운데 대학물을 먹은 사람은 다섯

139

사람도 채 안 된다는 걸 알고는 진짜 놀랐다. 이런 현상은 그 후 광주 상무대 후반기 교육, 그리고 나중에 자대에 배치받고도 그 비율이 거의 비슷한 것을 알고는 비로소 사회라는 걸 조금씩 알게 되었다.

군대 가기 전에 내가 알던 세상이라 해봤자 고작 집, 학교, 교회 그리고 아르바이트 하던 가정들 정도였기 때문이다. 난 철저하게 우물 안의 개구리처럼 이류 게임을 즐겼는지도 모르겠다.

어쨌든 내 안에 있던 이류 열등감의 정체를 조금씩 알게 되고 나서 나의 참 얼굴을 만난 건 나의 자존감을 회복하는 일에 큰 도움이 되었다. 열등감 때문에 되지도 않은 완벽주의를 좇아가다가 지쳐 자신의 감정에 휩싸이는 수가 너무 많았다. 그리고 존재감 없이 뒤에 숨기를 반복했다. 그런가 하면 남의 평가에 필요 이상 반응도 보였고 그에 대한 대응으로 살펴 남들의 결점 찾는 일을 열심히 하였던 것 같다. 그런가 하면 항상 최악의 경우를 염두에 두어 오히려 그런 일을 불러들이는 빌미를 제공하기도 했다.

조금씩 나의 정체를 깨닫게 되면서 메모 습관으로 감정을 살폈고 나자신과 화해하는 것을 목표로 삼았다. 역시 이 과정에 가장 큰 도움을 준 것은 앞서간 다양한 사람들이 남긴 책들이었다.

나를 가장 빛나게 만드는 사람은 나 자신뿐이다

04

바꿀 수 있는 현재에 집중하라

/

"그대는 인생을 사랑하는가?
그렇다면 시간을 낭비하지 마라.
왜냐하면 시간은 인생을 구성하는 재료니까."
―벤저민 프랭클린 (정치인)

시간에 대한 실수들

과거 어느 날엔가 서운한 생각 하나가 내 안으로 불쑥 들어왔다. 기분은 별로 나쁘지 않은 상태였음에도 갑자기 그 문제가 떠올라 그때부터 나의 마음과 생각을 휘저었다. 아마도 그런 경험들이 많이 있을 것이다. 그 갑작스러운 생각은 내 마음에 한동안 머물렀다.

'다 해결된 줄 알았는데 이 일이 또 문제를 일으키면 어떡하지?'

나의 소심한 성격은 가만히 있지를 못했다. 누구에겐가 의견을 물어보지 않으면 안 될 것 같았다. 그날 밤부터 장문의 메시지를 날리기 시작했다. 전부 근거 없는 생각에서 나온 것이었지만 마음으로 내내 불안했기 때문이다.

그냥 감정적으로 마음에 안 들던 현상적인 몇 가지를 확인도 채 하지 않고 그냥 기정사실처럼 못을 박아놓고 내 추측을 적어나갔다. 나의 메시지를 받은 사람은 나를 연신 좋은 말로 다독거렸지만 나는 그게 더 마음에 안 들었다. 그래서 나는 계속 반박 글을 보냈다. 그런 집요한 나의 글들은 그에게 결국 손을 들어버리게 했다.

이 일은 꽤 오랫동안 나를 괴롭혔다. 지금 생각해도 왜 그런 행동을 했는지 나도 이해가 가지 않는다. 평소의 나와 전혀 다른 나의 모습에 자신도 얼마나 실망했는지 모른다. 공교롭게도 이런 장문의 메시지 문답은 한밤중에 일어나곤 했다. 나중에야 책을 읽으며 마음 챙김이란 걸 공부하면서 이런 행위가 얼마나 위험한 것인지를 비로소 깨닫게 되었다. 그렇지만 그때는 전혀 알지를 못했다.

내가 문자를 보낸 상대에게 나중에 얼마나 미안했는지 모른다. 후에 진심으로 그에게 사과하였다. 무엇보다 평화로워야 할 그의 잠자리를 힘들게 만든 게 가장 미안했다.

나를 가장 빛나게 만드는 사람은 나 자신뿐이다

나도 역시 밤새 어지럽게 잠을 자야 했고 아침이나 그다음 날은 기분이 항상 좋지 않았다. 나의 얼굴은 늘 긴장되어 있었다. 나를 만나는 사람마다 무슨 일이 있는지를 물었다.

나중에 결국 이 일의 결과를 난 몸으로 친히 겪어야 했다. 작은 일로 쌓인 오해와 나의 억측은 내가 지난날 쌓았던 많은 성과와 사람들을 순식간에 잃어버리게 되는 엉뚱한 것으로 끝이 나고 말았다. 뚜렷한 근거 없이 속상했던 그 시간 동안 내가 한 행위는 나중에 엄청난 실패의 결과를 빚고 말았다.

현재의 시간에 집중하기

이 실패로 인해 시작한 마음 공부는 나에게 여러 가지를 깨닫게 했는데 그중 하나는 시간에 관한 이해였다. 전에 내가 이해하던 과거는 그냥 지나가버리는 시간이었다. 그것은 현재라는 시간과는 아무 상관이 없는 걸로만 알고 있었다. 그러나 현재라는 시간은 그냥 만들어진 게 아니라 지난 시간 내가 심어놓은 것들의 결과임을 비로소 깨닫게 되었다.

지금도 지나간 일들의 결과 때문에 또다시 마음 상해 하고 원망을 심는다면 앞으로 다가올 시간 역시 낭패로 나타날 것임도 알게 되었다. 마음 공부는 내게 명상을 하면서 과거의 실수했던 그때로 돌아가 내가 원하는 바람직한 상태로 교정을 하라고 가르쳐주었다. 그것이 지금의 시간을 긍정으로 다시 바꿀 수 있는 가장 좋은 방법이라고 알려주었다. 지금이라는 현재의 시간은 바로 나의 가까운 미래를 위해 긍정의 씨앗을 심어야 할 때인 것이다.

많은 사람이 내가 경험했던 바와 같이 현재라는 시간의 중요성을 전혀 이해하지 못하고 있다. 그래서 그들은 시간을 낭비할 뿐만 아니라 다가올 미래까지도 엉망으로 만들고 있다. 그들은 툭하면 원망하고 불평하고 감사할 줄 모르고 배반하고 또 끊임없는 현실에 대한 절망으로 현재라는 시간을 가득 채우고 있다. 이런 사람들의 미래는 거둘 수 있는 아름다운 것이 별로 없다. 과거에 대한 연민이나 후회도 다를 바가 없다. 이렇게 사람들은 정작 가장 중요한 현재의 시간에 집중하지 못하고 있다.

걱정하는 것으로 바꿀 수 있는 것은 아무것도 없다. 그런 부정적인 생각보다는 차라리 성공하는 긍정적인 상상을 하는 게 훨씬 생산적이다. 실패를 생각하면 실패하게 되고, 성공을 생각하면 성공하게 되어 있다. 적극적이고 긍정적인 사고는 바로 실패로 가는 길로부터 성공으로 바꾸기 위한 필수 과정이다.

알아야 할 중요한 사실 하나는 자신의 지금 마음 상태를 알아야 한다는 점이다. 깨어남이 필요한 것이다. 아름다운 미래를 거두고 싶다면 염려나 불안이 아니라 바로 이 시간은 행복한 생각과 느낌이 들어야만 한다. 줄기차게 떠오르는 부정적인 생각과 감정들을 의식적으로 거절하고 현재에 집중해서 작더라도 행복하고 즐거움을 느끼는 노력을 하는 것이다.

아침 녘에 새벽이슬 머금은 숲길을 걸으면서 맛볼 수 있는 바람결, 그리고 떠오르는 태양의 환한 햇살을 가슴 가득 채울 때의 환희로 지금을 느껴보는 것이다. 바로 그런 순간에 느끼는 긍정의 생각과 감정이 바로 다음에 나에게 펼쳐질 미래를 만드는 것이다. 지금이라는 시간은 절대로 염려나 분노나 두려움을 심어선 안 된다. 이런 노력은 미래를 멋지고 풍요롭게 만드는 가장 확실하고 쉬운 방법이다. 마시는 한 잔의 향긋한 차에 집중해 향기로움을 느낄 수 있는 여유를 심는다면 그런 미래가 또한 다가오게 된다.

스탠퍼드대학교 심리학과 교수로 건강심리학, 웰빙, 회복력 연구 전문가인 에마 세팔라(Emma Seppala)는 그녀의 저서 『해피니스 트랙』에서 행복한 사람들의 첫 번째 트랙으로 미래와 과거가 아닌 현재에 초점을 맞추는 삶에 관해 이야기한다.

성취 중심의 학생들은 현재가 아닌 미래에 초점을 맞춰, 자신들이 받은 과제를 미처 다 끝마치기도 전에 이미 다른 과제를 생각하고 있다고 한다. 현재라는 시간을 누릴 여유가 전혀 없기 때문이다. 이것은 바로 미래의 불확실성에 대한 불안함 때문이라고 세팔라는 말하고 있다. 이는 과거에 생각의 초점을 맞추는 것도 같은 현상이다. 상처에 대한 고통 혹은 상처를 제공한 사람에 대한 분노가 부정적 감정으로 남아 있는 것이다. 그러나 행복도가 높은 학생들은 미래의 성취로 인한 소유(having)보다는 현재의 존재(being)에 가치를 더 크게 느끼며 살아가고 있다.

무언가를 끊임없이 성취하여 소유하는 상태가 아닌, 현재에서 의미를 찾고, 충실히 그 순간을 느끼며 살아가는 것이 무엇보다 중요하다. 남의 이야기에 기꺼이 공감해주고, 경청하는 모습에서 우리는 현실을 충실히 살아가는 느낌을 떠올려볼 수 있다. 그것은 바로 감사가 아닐까? 감사야말로 우리의 밝은 미래를 여는 가장 강력한 툴이다.

따라서 지금은 나의 모든 감각을 동원하여 집중해 내가 가진 주변을 세세히 느껴보고 그에 따른 행복의 감정을 알아가야 하는 시간이다. 그 느낌이야말로 나의 진정한 행복과 밝은 미래를 열게 만드는 암호이기 때문이다.

체면과 평판으로부터 자유로워져라

/

"스스로를 위태롭게 하고 과감하게 삶의 실험에 참여할 때
변화와 성장이 일어난다."
— 허버트 오토 (군인)

체면을 내려놓아라

우리나라 사람들은 체면을 몹시 중요하게 생각한다. 체면은 자기 얼굴을 중요하게 내세운다. 그렇지만 이것은 자율이 아닌 타율 의식에 자신들을 내맡기는 일이다. 또 체면은 남의 눈을 의식해서 나를 뒤로 감추게한다. 싫거나 화가 나도 아닌 척, 배고파도 아닌 척하면서 나를 감추는건 체면의 부정적인 면 때문이다.

체면은 사람들에게 겉 다르고 속 다른 모습을 하게 만든다. 어디까지

가 사실이고 어디까지가 거짓인지 도무지 알 수가 없다. 이런 솔직하지 못한 것은 표리부동이라고 부르는 마음의 이중적 구조에서 나온다. 사람들 앞에서 자기 진심을 어느 정도는 감추는 게 우리들이다.

또 우리는 법을 지켜도 남의 눈 때문에 지키는 경우가 많다. 어느 정도의 체면은 지키는 게 맞을 것이다. 그렇지만 지나치게 적용하여 일상 행동에 지장을 초래한다면 그것은 문제가 될 수밖에 없다.

이민 생활의 좋은 점은 다른 데 있지 않다. 아무도 아는 사람이 없는 새로운 땅에서 누릴 수 있는 자유로움 때문이다. 여기서는 체면 때문에 사람들에게 신경을 쓰지 않아도 된다. 이곳에선 누구나 계급장이나 기득권을 내려놓고 다시 출발할 수가 있다. 어떤 일을 하든, 어떤 시행착오를 겪든 누구나 같이 거치는 일이기 때문에 오히려 주위로부터 공감을 얻을 수가 있다.

전에 잠시 거주했던 뉴질랜드의 오클랜드에는 택시 운전하는 한국분들이 많았다. 그중에는 한국에서 의사로서 일을 하다 온 분들이 꽤 있었다. 그들과 이야기를 나누면서 한국에서 그렇게 많은 의사가 도태되고 있음을 알 수 있었다. 지독한 한국의 학력 사회 제도가 의사 같은 전문직의 자리마저 위태롭게 만들고 있었다.

나를 가장 빛나게 만드는 사람은 나 자신뿐이다

내가 만났던 전직 의사분은 지금이 속이 더 편하다고 했다. 생각해보면 왜 서운한 맘이 없을까마는 당장 현실에서는 불필요한 신경을 내려놓을 수 있다는 사실 하나만으로도 그가 가지고 있던 정신적 부담의 크기를 알 수 있을 것도 같았다. 그런 면에서 보면 미국처럼 아무런 연고가 없는 곳에서 다시 출발할 수 있다는 것은 진짜 편리한 일이다.

그래서 우리 가족은 미국 이민의 초창기에 청소하면서도 심적 부담은 전혀 없었다. 오히려 뭔가 경제적으로 우리 가족에게 도움이 될 일이 있음을 감사해했다. 어떤 면에서는 미국 같은 나라의 이민자들에게 청소라는 일은 마치 일종의 이민 생존 과목의 필수 코스처럼 여겨질 정도이다.

그만큼 주위에는 그 일을 안 해본 사람이 드물었다. 그것은 누구에게도 흉이 안 된다는 뜻이다. 아마도 이런 정신적 여유가 그나마 힘든 중에도 버티기에 도움을 주었을 것이다.

진정으로 자유로워지려면

내가 어릴 때부터 갖고 자랐던 패배감은 유독 남의 시선에 대해 오랫동안 민감하게 만들었다. 한국 사회에서 개인이 느끼는 존재감은 거의 모두 남과의 비교에서 오는게 많았다. 상대평가 시스템으로 인한 패배자는 누가 뭐라지 않아도 스스로 존재감을 낮춰버리고 만다. 따라서 나 자신의 체면에 대한 인식은 바닥에서 출발했다 해도 과언이 아니다.

그런 만큼 사회생활을 출발하면서는 일종의 보상 의식으로 자신에 대해 맹렬할 수밖에 없었다. 자신을 더 규제하고 어떤 잘못에 대해서는 용서가 어려웠다. 그래서 상대에 따라 불필요하게 경쟁적으로 되는 수가 많았다. 아마도 그런 경우의 상대방은 영문도 모르고 나의 적이 되어버리곤 했었다.

미국에서 새로이 하게 된 보험업에서도 난 회사 내 우리 팀의 순위가 항상 신경 쓰였다. 나의 존재감은 오로지 실적으로만 확인되었다. 전에 근무하던 회사에서 매니저로 근무할 때의 일이다. 매니저들의 미팅에서 어느 안건을 가지고 매니징 파트너가 의견을 물었다. 그는 어떤 전체의 의견을 하나 도출하고 싶어 했다. 활발하게 의견을 나누던 중, 듣고 있던 내가 결정적인 아이디어를 제안했다. 모두들 찬성했다. 그 생각은 나에게 중요했다. 그 내용은 당시 내가 추진하던 것이었기 때문에 중간에 바꾸게 되면 문제가 복잡해지게 되었었다.

모두가 그렇게 결정지으려 할 무렵, 그때까지 조용히 있던 시니어 매니저 하나가 전혀 다른 의견을 던졌다. 그는 에이전시 전체의 톱 팀을 거느리고 있었던 매니저였다. 그의 의견은 말도 안 되는 것이었다. 나의 의견에 대한 반대를 위한 반대일 뿐이었다. 모두 고개를 갸우뚱했다. 왜 그가 그런 의견을 냈는지 이해를 못 하는 표정이었다. 그렇지만 나는 그 이유를 알았다. 나를 어떻게든 꺾어버리고 싶어서였다. 문제는 매니징 파트너였다. 그는 그의 이야기를 듣더니 전체의 의견에 표결도 없이 그걸로 결정하고 말았다. 황당하기 그지없었다.

며칠 후 나는 매니징 파트너의 방으로 갈 일이 있어 들렀다가 그 문제를 꺼냈다. 모두에게 의견을 모아 달라고 부탁까지 하다가 마지막에 그의 한마디에 그런 결정을 한 이유가 무어냐고 물었다. 이때 그의 대답이 나로선 꽤 충격적이었다.

"대니, 당신도 당신 팀을 그만큼 크게 만드세요. 그땐 당신 말 들어줄게요."

이것이 내가 본 영업 사회의 민낯이었다. 그 후로도 회사를 옮겨 비슷한 경험을 한 번 더 당했다. 이번엔 그때보다 훨씬 더 충격이 컸지만 나는 나의 뜻을 접고 말았다.

그래서 내가 배운 교훈은 체면이란 전체의 질서를 유지할 정도면 충분하다는 것이다. 더 이상의 양보를 할 필요는 없다. 어떤 조직에서 진정한 자유를 누리는 건 자신의 역량이 증명해 보일 수 있는 만큼 스스로 확보하는 게 맞는다고 생각되었다.

타인에 의해 주어지는 자유가 아닌 나 자신의 능력과 역량으로 얻을 수 있는 자유가 진정한 자유라는 점이다. 남한테 보이지도 못할 능력을 갖추고 달라고 외치는 구호는 헛된 것일 뿐이다.

오늘날과 같은 경쟁사회에서는 자신의 존재 범위는 스스로가 정하는 것이다. 절대로 누가 우리 손에 쥐여주는 법이 없음을 알아야 한다. 체면은 오직 나의 경쟁력과 일의 추진에 필요한 정도만 지키면 충분하다. 설사 이런 여건이 안 될 때도 누구든 원망할 필요가 없다. 나만 스스로 포기하지 않으면 되기 때문이다.

나를 가장 빛나게 만드는 사람은 나 자신뿐이다

06

좋은 사람 콤플렉스에서 벗어나라

/

"위대한 정신을 가진 사람들은 생각을 논한다.
평범한 사람들은 사건을 논한다.
마음이 좁은 사람들은 사람들을 논한다."
– 엘리너 루즈벨트 (프랭클린 루즈벨트의 부인)

누구에게나 좋은 사람이 되는 건 정말 어렵다

평소에 난 그렇게 좋은 사람은 아니라고 그냥 마음 편하게 생각한다. 예전에 회사에서 동료 간에 서로를 평가하는 시간을 가진 적이 있다. 무기명으로 동료 간에 서로에 대해서 진솔하게 평가하면서 관계를 개선해 보는 방안을 찾아보는 시간이었다.

거기에서 나온 나에 대한 평가는 호불호가 극명했다. 나를 좋아하는 사람과 싫어하는 사람들이 너무도 분명했다. 그 결과를 보면 내가 사람을 대하는 게 누구한테나 다 똑같음에도 받아들이는 사람마다 다른 모습으로 보여지는 것을 잘 알 수 있었다. 결국 이런 게임들을 할 때마다 나 스스로가 아무리 노력을 해도 누구에게나 좋은 사람으로 남을 수 없다는 점을 깨닫게 되었다.

좋은 사람 콤플렉스가 있는 사람들의 행동 패턴에 대해 적어놓은 걸 보았다. (나무위키에서 인용)

- 자신의 안 좋은 일을 속으로 억눌러 참고 싫은 걸 잘 표현하지 못한다.
- 다른 사람의 부탁을 거절하기 어려워한다. 또 어렵게 거절하더라도 곧 후회한다.
- 쉽게 상처를 받으며 동시에 오래간다.
- 표현을 잘하지 못하며 말을 하기보단 듣기를 더 편하게 느낀다.

좋은 사람 콤플렉스에 걸린 사람은 남의 기대에 맞추려고 항상 모든 노력을 다해 남의 일이라면 뭐든 발 벗고 나선다. 그러면서도 정작 자신을 위한 아쉬운 소리 한 번 하지를 못한다. 그러다 보니 자기 속마음을 내놓지 못하고 솔직한 감정이 자신에게서 나오지를 못한다. 이렇게 남의 시선에 끌려 살다 보니 내부에는 종종 엄청난 분노가 쌓이기도 한다.

나를 가장 빛나게 만드는 사람은 나 자신뿐이다

나도 예전엔 남이 나에게 말하는 뒷말들이 몹시 신경 쓰였다. 그래서 그런 말을 안 들으려고 굳이 남한테 싫은 말하는 것을 아예 포기해버리곤 했다. 또 실수를 하지 않으려 듣기를 더 하는 편이기도 했다. 어떤 논쟁에 휘말리는 건 정말 싫었다. 특히 요즘처럼 정치적 문제가 어수선할 때는 더욱 그렇다.

내가 여러 사람하고 잘 휩쓸리지 못하는 성격에는 어느 정도 나에게 책임이 있다. 예를 들면, 나는 술 먹는 자리나 애연가들의 그룹엔 잘 섞이지를 않는다. 기호적으로도 잘 안 맞지만 그런 데서 벌어지는 일들에 별로 재미를 못 느끼기 때문이다. 또 술꾼들의 술주정을 들어주는 것도 별로 좋아하지 않는다.

술, 담배라니까 재미난 이야기가 하나 있다. 나는 1976년도 말에 입대했다. 누구에게나 그렇듯이 정신없는 전·후반기의 교육을 마치고 자대에 배치되었다. 난 대학에서 공부한 전공 때문에 화생방 요원으로 주특기를 받았다. 그러나 처음에는 화학 부대가 아닌 수도 근교의 보병여단의 한 중대에서 본부 요원으로 배치되었다. 그러던 중 서울 근교에 새로운 화학 대대가 신설되면서 차출되어 옮겨가게 되었다.

전 부대에서는 본부 요원으로 근무하다가 화학 부대의 중대 요원으로 근무하게 되니까 아무래도 몸이 좀 고단했다. 본부 요원이 시간적으로나 일의 양으로나 여유가 있었던 것 같다. 한 일 년쯤 지나던 어느 날 아침 세면장으로 들어서는데 어떤 선임 상병 하나가 나한테 눈을 흘기고 있었다. 이 사람은 나와 소속은 다르지만 나와 그렇게 나쁜 관계는 아니었었다. 좀 의아스러워 도대체 왜 그러느냐고 물었더니 내가 처음으로 듣는 이야기를 하나 해주었다.

다름 아니라 우리 부대의 고참 군종병이 제대하면서 나를 대대의 군종병 후임으로 선임했다는 것이었다. 알 수 없는 이야기였다. 내가 물론 신우회 소속으로 속해 있기는 했지만, 부대 내에 신학생 출신들이 많아 나같은 일반대 출신에게는 별로 해당이 없었다. 어쨌든 그 친구는 전부터 그 고참 군종병한테 하도 많이 당해서 그 후임이 들어오기를 벼르고 있었다는 이야기를 자기 입으로 해주었다.

그 이야기는 곧 진실로 확인되었다. 소문처럼 나는 군종병으로 근무를 하게 되었다. 그러자 부대 내에 있던 많은 신학교 출신들이 고참에게 달려가 따져 물었다. 도대체 이렇게 많은 신학생이 있는데 왜 하필 일반대 출신을 선임했는지를 알고 싶어 했다. 그의 대답이 걸작이었다.

"이놈들아, 네 녀석들은 목사 될 놈들이면서 고참들이 무서워 술을 마

나를 가장 빛나게 만드는 사람은 나 자신뿐이다

시라면 술 마시고 담배 피우라면 담배 피우고 그랬지? 쟤는 그러지 않았어. 그게 이유야."

내가 유별나기는 했던 것 같다. 고참들이 혀를 내둘렀을 정도였으니까 말이다.

자기답게 사는 게 훨씬 편하다

또 한번은 이런 일이 있었다. 대학 2학년을 마치고 군에 입대했는데 첫 휴가를 나왔을 때였다. 나중에 충남대에서 교수를 하게 된 친한 친구 하나랑 휴가 중에 어울리게 되었다. 그 친구가 나에게 물었다.

"야, 너 입대하고 나서 우리 과 애들이 너를 놓고 내기를 걸었다."
"무슨 내기?"
"네가 첫 휴가 나올 때는 술을 먹을까 안 먹을까 하는 거."
"너는 어디다 걸었는데?"
"난 네가 안 먹을 거라는데 걸었는데 사실 난 내기에 져도 좋으니까 네가 술 좀 먹었으면 좋겠다."

어떻게 보면 난 나 나름의 어떤 분명한 컬러를 갖고 살아온 게 확실하다. 이런 내가 사람들에게 나와 같은 컬러를 갖고 있지 않다고 불평하는 건 이치에 맞지 않는다. 나와 컬러가 다른 사람들에게는 내가 정말 불편했을 것이다. 내가 모든 사람에게 좋은 사람으로 남겠다는 것은 어떻게 보면 모든 사람에게 나의 컬러에 맞추라고 요구하는 것이나 마찬가지다. 그런데 그런 일은 절대 일어날 수 없음을 안다. 나도 사람들을 속으로는 많이 판단하고 있는 걸 알고 있다.

드러내 놓고 하는 건 아니지만 나의 기준에 부합하지 않는다면 나도 조용히 인간관계를 정리하는 편이다. 사람 사는데 굳이 편하지 않은 관계를 유지하는 건 피차 좋은 건 아니라고 생각하기 때문이다.

좋은 사람 콤플렉스에 빠진 사람은 뭔가 잘못을 하면 '이런, 남들이 날 뭘로 볼까?'라는 생각을 먼저 하게 된다. 그런데 요즘은 난 '잘못했다' 보다는 '뭐, 그럴 수도 있지.'라고 바꿔서 생각하고 있다.

남의 부탁을 잘 거절하지 못하는 성격도 일부러 미안한 마음보다는 되도록 당당해지려 애를 쓴다. 남의 문제보다는 나 자신의 솔직한 정신적 건강에 더 신경을 쓰는 게 더 중요하다고 자신을 다독이고 이해시킨다.

나를 가장 빛나게 만드는 사람은 나 자신뿐이다

모두의 인정을 받지 않아도 괜찮다

/

"자신을 믿어라. 자신의 능력을 신뢰하라.
겸손하지만 자신감 없이는 성공할 수도 행복할 수도 없다."
— 노먼 빈센트 필 (목사)

파에톤 콤플렉스

사람들은 누구나 다른 누군가의 인정을 받고 싶어 한다. 다른 사람이
내게 관심을 두는 것뿐만이 아니라 더 나아가 괜찮은 사람, 훌륭한 사
람이라는 인정까지를 받고 싶어 한다. 이에 관련하여 '파에톤 콤플렉스
(Phaethon complex)'란 말이 있다.

그리스 · 로마 신화에서 유래한 이 말은 다른 사람들로부터 인정받고
싶은 욕구가 지나칠 정도로 강한 사람들의 상태를 지칭한다. 이들은 사

회생활에 적응하지 못하며, 고독감, 우울증, 신경증, 조바심 등의 증세를 보인다. 모두 어린 시절에 충분히 누리지 못했던 애정에 대한 강한 욕망과 갈구 때문이다. 이 파에톤 콤플렉스는 지나치게 경쟁을 추구하고, 다른 사람들에게 인정받아야 하는 현대의 생존 경쟁 때문에 더욱 심해진다고 할 수 있다.

오늘날 파에톤 콤플렉스를 가진 사람들은 자신들이 인정받지 못해 생기는 불안감을 극복하고자, 다른 사람들에게 좋은 이미지를 주기 위해 끊임없이 노력하거나 권력과 정치적인 명성을 얻기를 추구하는 모습을 보여준다. 그 과정에서 다른 사람들이 내게 보내는 시선, 나에 대해서 하는 말에 대해 매우 예민한 반응을 한다.

재능이 많은 사람이면 이 파에톤 콤플렉스로 인해 오히려 더 좋은 성과를 얻게 될 수도 있지만 대부분 일반인의 경우엔 인정받고자 하는 욕구보다 능력 이상의 성취를 원하다가 결국 실패의 삶을 초래하는 수가 많다.

이 현상은 사람을 참 힘들게 한다. 무엇을 해도 그 내부는 끝없이 공허하다. 남보다 우월해지고 싶다는 생각이 결코 잘못된 것은 아닐 것이다. 그러나 그것만을 유일한 것으로 생각하는 것이 문제다. 누군가에게서 인정받는 것만이 인생의 유일한 가치는 아니기 때문이다.

나를 가장 빛나게 만드는 사람은 나 자신뿐이다

사람들로부터 무시당하거나 거절당하는 것이 두려워 관계를 시작조차 하지 않는 사람은 결코 행복해지기 어렵다. 성숙한 관계는 인생의 주어를 '나'에서 '우리'로 바꿔가는 것이다. 사회에서 나를 조화시키려는 노력이야말로 우리의 삶을 비로소 가치 있게 만들어가는 일일 것이다.

다른 인성의 사람들

경진(가명) 씨는 나하고 좀 오래된 사이이다. 6년 전쯤 나의 소개로 지금 일하는 업계에 발을 들였다. 전에 같이 알던 사람들의 말에 의하면 성격이 화끈하고 시원시원할 뿐만 아니라 대인 관계의 폭이 넓었다. 그가 오래 하던 비즈니스를 처분하고 진로를 상의하는 과정에서 나의 팀에 합류하게 되었다. 이민 생활을 한 지도 오래되었고 무엇보다도 활달함이 맘에 들었다.

그렇지만 같이 몇년 정도 일하면서 본 그의 모습은 생각보다 의외의 점이 더 많았다. 그는 남의 말을 참으로 많이 하고 다녔다. 나에 대한 뒷이야기도 여러 통로를 통해 여러 번 들을 수 있었다. 처음엔 매우 속상했지만, 차츰 그를 알아가면서 그의 자존감의 수준을 알 수 있었다.

그는 항상 어디서나 주목을 받고 싶어 했다. 거기서 제외되면 여지없이 험한 말이 나오기 시작했다. 늘 하는 말들이 상당히 거칠었다. 그 부분은 내가 그를 처음 만났을 때는 화통함으로 좋게 보였던 점이다. 사실 나는 일부만 보고 있었음을 알게 되었다. 여러 가지 방법으로 그의 문제들을 개선해보고자 노력을 했었다.

나도 완전한 사람이 아니니까 그를 일방적으로 판단하는 건 자제하고 우선 그의 이야기를 많이 들으려 노력했다. 그는 가진 재능이 많았음에도 걸러지지 않은 말과 행동으로 어디서도 환영받지를 못했다. 결국 그는 우리를 떠나게 되었고 지금도 들려오는 소리는 많은 아쉬움을 남긴다. 이런 사람은 남한테 공공연히 알아달라고 떼를 쓰는 타입이었다. 그게 안 되면 여지없이 누군가를 불평하고 끊임없는 불만이 터져 나오는 것이다.

그에 비하면 제인(가명)은 완전히 다른 타입의 사람이다. 우선 그녀는 첫인상이 환하다. 그의 미소는 늘 신비롭기까지 하다. 사실 나는 그녀의 팬이기도 하다. 그럴 수밖에 없는 것이 그가 보여주는 모습에는 어두움이 전혀 보이지를 않는다.

어떤 비평에도 항상 긍정을 주위에 뿜어내는 그런 사람이다. 어쩌면 그 자신은 개인적으로 얼마든지 힘들다고 말할 수 있는 자격이 있었다. 그런데도 그 자신의 문제를 바라보는 눈은 참 따뜻하다. 그녀의 따뜻한 반응들은 주위를 늘 밝게 만들곤 하는 마력이 있다. 아마도 그녀의 고객들도 그런 점을 높이 살 것 같다.

나는 사람들을 자주 만나면서 말을 많이 해야 하는 처지라 자주 정신적으로 휴식이 필요하다. 대부분은 남의 문제를 듣기 때문에 나도 모르게 정숙 또는 우울 상태로 들어가는 수가 많다. 이럴 때는 문을 닫고 묵상이나 눈을 감은 채 명상에 들어가기도 한다. 그런데도 제인 같은 긍정의 아이콘을 만나면 순식간에 분위기가 반전되어 버린다. 마음 깊은 곳에서부터 환해지는 것이다. 이처럼 그들이 전달하는 긍정의 힘이 그처럼 엄청난 파워로 작용한다. 나는 제인이 자신을 인정해달라고 어떤 사인을 보내는 것을 한 번도 본 적이 없다. 그런데도 모든 사람은 그녀의 존재를 뚜렷이 인정하고 그를 환영한다. 그녀는 모든 사람에게 그처럼 인정받고 있다.

도대체 위에 소개한 경진씨와 제인은 어떤 점이 그들에게 그토록 다른 모습을 보이게 하는 것일까? 어떻게 개인들의 삶에 대해 문제에 대해 그처럼 해석을 할 수 있을까? 누구는 개인의 성숙도를 이야기하지만, 그 배후에는 개인 각자가 살아온 많은 요인이 있을 것이라고 짐작된다.

파에톤 콤플렉스를 이야기했지만 요즘 아이들이 자라는 환경은 예전처럼 많은 형제자매를 가진 가족에서 자라는 게 아니다. 다른 형제한테 치여 관심을 못 받고 자라던 시절이 아니라 오히려 요즘은 관심 과잉의 시대다. 하나밖에 없는 자식을 위해 부모는 못 할게 없다. 자신들이 동원할 수 있는 모든 힘을 다해 아이의 행복을 위해 자신의 삶들을 희생하고 있다. 그런데도 지금 시대에 사는 아이들은 여전히 불행하다. 여전히 사회로부터 소외되었다고 생각하고 낙오자라고 못을 박아버린다. 관심과 인정을 받고 싶어 하지만 사회는 그들에 대해 아무런 관심을 기울이지 않는 것 같다. 이에 대한 부작용들은 이미 사회 전반에 넘치고 넘친다.

부모들은 이 아이들이 겉으로 나타나는 모습에만 관심을 보인다. 이 아이들이 자라서 어떻게 진정한 성인으로 역할을 해야 하는지에 대해서는 너무 모르고 있다. 한국의 교육 시스템은 이러한 부조화에 그냥 일조하고 있을 뿐이다.

요시모토 바나나의 에세이집 『어른이 된다는 건』에서 작가는 어린 시절 자신이 꿈꿔온 어른의 모습을 50세의 나이에 가까워졌을 무렵에서야 겨우 닮을 수 있게 되었다고 말했다.

중요한 것은 누가 굳이 나를 인정해주지 않아도 나 자신을 인정해주도록 깨닫게 하는 일이다. 아이들은 자라면서 부모나 사회가 자기의 잘하

나를 가장 빛나게 만드는 사람은 나 자신뿐이다

는 모습을 보고 인정해주기를 바라지만 성인이 된 사람들은 더는 그런 콤플렉스에 머무를 이유가 없다.

자신들의 안에 있는 참 자아를 깨달으면 되는 일이다. 자아가 사람들의 진정한 친구이며 돕는 자이고 나아가 자신만으로도 충분히 행복할 수 있음을 깨닫는 일이다. 누구의 인정 필요없이도 내가 이미 온전한 자아임을 알면 그로써 충분한 것이다.

08

나의 가치는 오직 나에 의해 증명된다

/

"자기 신뢰는 성공의 첫 번째 비결이다."
—랄프 왈도 에머슨 (시인)

나 자신이 우선이다

수많은 현대인이 겪고 있는 스트레스와 우울증 같은 정신질환적 증세의 대부분은 바로 비교의식에 기인한다. C. S. 루이스도 "현대에서 사탄의 가장 예리한 무기가 바로 비교의식"이라고까지 말했다.

이런 비교의식이 사람에게 주는 폐해가 얼마나 극심한지 잘 말해주는 것일 게다. 심리학자 융도 비교의식만 다스릴 수 있다면 우리 사회의 범죄와 자살, 그리고 우울증 같은 고질적인 병폐들도 해결할 수 있다고 지적했다.

나를 가장 빛나게 만드는 사람은 나 자신뿐이다

필자도 그 비교의식을 벗어나지 못해 더 젊었던 날 동안에 아름다운 존재의 기쁨을 잃었다. 만약 나의 행복이 쓸데없는 남과의 경쟁이 아니라 바로 나 자신 안에 있는 자신감에 있다는 것만 알았어도 아마 나는 지금 다른 모습이 되어 있을지도 모를 일이다.

후지모토 사키코는 타인이 어떻게 보든 신경을 쓰지 말고 자기만의 시선에 집중할 수 있다면 '순식간에 인생의 스테이지'가 오르게 된다고 설명을 하고 있다. 그녀의 말처럼 남과의 비교의식을 거두고 자신에게 좀 더 충실하다면 아마도 사람들은 지금보다 더 행복한 생활을 누릴 수 있을 것이다. 그러나 비교의식의 더 큰 문제점은 사람들에게 열등감을 심어준다는 점에 있다. 대부분 사람들은 남들이 자신의 뒤에서 하는 험담에 민감하다. 험담을 한다는 말만 들어도 '혹시나' 하는 무조건적 피해의식에 빠지게 되는 것이다.

이런 생각은 좀 더 나아가 내가 무시를 당한다고 생각하든지, 남보다 부족하다고 느꼈다든지, 어느 순간 자신이 도무지 상대할 만한 능력이 없다고 느낀다든지 하는 순간 감당할 수 없는 감정 상태로까지 변할 수가 있다. 이런 현상 모두는 열등감에서 비롯된 것들이다.

한편 자신의 열등감을 감추기 위해 좋은 사람 콤플렉스에 빠지기도 한

167

다. 이런 사람은 어떤 일이 벌어지면 미처 확인도 하기 전에 자신이 무언가 잘못을 하지 않았을까 하는 생각을 먼저 한다. 그러나 누가 우리를 비난하는 것은 우리가 특별히 못났기 때문이 아니다. 단지 사람들이 각각 다르기 때문이라는 걸 이해하면 될 일이다. 그리고 사람들이 다른 사람들을 그렇게 좋지 않게 취급하는 건 단지 그들의 문제일 뿐이다. 누구에게도 그런 것들로 인해 영향을 끼치지 못한다.

나에 대한 믿음은 나 자신을 보다 깊이 이해하게 될 때에야 비로소 완성된다. 불필요하게 상대의 감정에 끌려다니지 않는 것이 가장 효과적인 대처 방법이다. 근거 없이 나를 비판하고 뒷담화하는 사람들이 있다면 '원래 그런 사람'으로 여겨버리면 간단히 해결된다.

상대가 우리를 비난한다고 해도 휘말릴 이유가 없기 때문이다. 전에 같으면 무조건 모든 것이 나 때문이라고 생각해버렸겠지만, 이제는 그런 것이 하등의 영향을 미치지 않을 수 있음을 알면 되는 것이다.

나의 가치는 내가 지킨다

나에게 상처를 주는 사람이나 상황에 대해 단호하게 맞설 수 있을 때, 그리고 모두에게 사랑받을 수는 없다는 것을 자각하면 대부분의 인간관계의 문제는 해결될 수 있다. 차라리 나를 아껴주는 사람에게 더 집중하는 한편, 나에게 상처 주는 사람에게 끌려다니지 않음으로써 관계의 상처로부터 용기 있게 나를 지켜내는 게 훨씬 더 가치가 있다.

중요한 점은 누가 굳이 나를 인정해주지 않아도 나 자신을 스스로 인정해주도록 하는 일이다. 아이들처럼 누가 자기를 인정해주지 않아도 어른이 된 사람들은 더는 어린아이 정신 수준에 머무를 필요가 없기 때문이다.

이것은 자신들의 안에 있는 참 자아를 이해하면 되는 일이다. 바로 참 자아는 자신의 진정한 친구이며 돕는 자이며 더 나아가 자신만으로도 충분히 행복할 수 있음을 깨닫게 해준다. 누구의 인정도 필요 없이 내가 이미 온전한 자아를 갖고 있음을 알면 된다. 그럼으로써 '나는 참 괜찮은 사람'이라는 믿음도 생길 수가 있다.

살아오면서 누구든지 여러 번 삶 가운데 문이 닫히는 경험을 했을 것이다. 어느 날 잘 다니던 직장을 떠나야 한다든지 아니면 모든 관계에서 끊어지는 일들도 발생할 수 있다. 이런 일을 당할 때 정말 주의할 점은 이건 나의 인격이나 잘못 때문에 벌어진 것이 아님을 아는 게 필요하다.

상황은 분명히 그렇게 나의 잘못이라고 꼬집고 싶겠지만 실체를 자세히 살펴보면 그게 다가 아닌 것이다. 우리에게 보이는 것이 실체가 아니기 때문이다. 때가 되면 우리는 어디론가 자리를 옮겨야 한다. 그런 변화에는 항상 어떤 충격을 받게 되는데 그것은 커다란 계획하에 움직이는 또 하나의 현상에서 비롯된다.

그리고 어떤 문이 하나 닫히면 절대로 거기서 끝나는 법이 없다. 당장 그 문이 닫힘으로써 그 순간 절망처럼 보이지만 조용히 바라보면 그건 반드시 다음의 기회로 넘어가는 전기가 되는 것이다. 문이 닫혔을 때는 그런 현상을 직시하는 눈이 중요하다. 내가 어떻게 바라보느냐에 따라서 다음에 열리는 문의 질이 결정되기 때문이다.

필자의 경우엔 모든 닫힌 문은 항상 더 좋은 세계로 옮겨가는 계기가 되었다. 마치 노아의 방주로 들어가는 문처럼 느껴지는 경우였다. 어느 순간 나를 구원하기 위한 커다란 손이 움직이는 것 같았다. 이럴 때는 아쉬움으로 뒤를 돌아볼 필요가 없다. 뒤에 남기고 떠나온 문은 남은 자들의 몫이기 때문이다.

그래서 나는 평소에도, 사는 동안 가끔 인생의 문이 닫혀도 괜찮다고 생각하곤 한다. 그건 절대 어떤 상황에도 그걸 부정적으로 받아들이지 말자는 나의 결단이다. 그런 닫힘으로 인하여 열릴 새로운 세계에 대해 기대를 하는 게 훨씬 강력하기 때문이다. 따라서 문이 닫히는 시간엔 나의 모든 감각을 집중해 내가 가야 할 곳으로 가는 여정의 주변을 세세히 느껴보고 오게 될 새로운 감정을 파악해야 한다. 그 느낌이야말로 나의 진정한 행복과 밝은 미래를 열게 하는 비밀이기 때문이다.

얼어맞은 골프공이 티를 떠나 쭉쭉 창공을 날아가면서 보게 될 세상을 느껴보는 것이다. 그다음 어딘가에 떨어질 푸른 그린을 생각하면서….

아쉬움으로 뒤를 돌아볼 필요가 없다.
뒤에 남기고 떠나온 문은 남은 자들의 몫이기 때문이다.

나를 가장 빛나게 만드는 사람은 나 자신뿐이다

3장_타인과의 비교는 불행의 시작이다

4장

세상에 희생당하지
않기 위한 8가지 전략

자기 목소리를 낼 줄 아는 사람이 되라

/

"삶을 경험하지만 말고 삶을 통해 성장하라."
— 에릭 버터워스 (목사, 작가)

자기 목소리를 찾자

세계의 아이돌 스타가 된 BTS가 유엔 총회의 연단에서 한 연설이 세상에 울려 퍼졌다. 그날 행사는 안토니우 구테흐스 유엔 사무총장이 추진 중인 '청년(Youth) 2030' 프로그램의 하나로 청년 세대가 스스로 목소리를 내어 자신의 권한을 확대하자는 뜻으로 자리가 마련됐다. 유창한 영어를 하는 리더 RM(김남준)은 호소력 있는 목소리로 그날 6분간 이야기했다.

"우리 앨범 도입부 가운데 '내 심장은 아홉 살, 열 살쯤 멈췄다.'라는 가사가 있습니다. 돌이켜보면 그때부터 다른 사람들이 나를 어떻게 생각할지 걱정하기 시작했고, 타인의 시각으로 나를 보기 시작했습니다."

그는 두려움 중에서도 자신을 품어주고 더 사랑하겠다고 했다. 그리고 청중들을 향해 각자의 이름을 기억하면서 자신들만의 목소리를 내어보라고 촉구했다. 이 짧은 연설 속에는 많은 메시지가 담겨 있다. 한국에서 자라는 아이들이 채 10살도 되기 전에 자신보다는 세상에 비치는 모습을 걱정한다는 이야기는 정말 가슴이 아프다. 그 나이에 벌써 타인의 시선을 의식하면서 자란다는 현실은 개탄스럽기까지 하다.

그래서 그들은 꿈꾸기를 멈추고 자신의 목소리도 감춘 채 살아가는 젊은이의 힘든 모습을 대변해주고 싶어 했다. 이러한 이들의 메시지로 인해 전 세계의 젊은이들이 열렬히 호응하는 건 당연한지도 모르겠다.

요즘 많은 청년의 경우만 해도 스스로 만든 열등감으로 똘똘 뭉친 채 일그러진 눈으로 세상을 바라보면서 자란다. 늘 남에게 내가 형편없이 비칠 것으로 생각하고 그래서 철저하게 은둔하여 지내다시피 한다. 그렇게 자신감 없는 성장을 해서인지 성인이 되고서도 남한테 뭔가 주장한다는 게 참으로 어렵다.

남들은 자기 원하는 소리를 잘들 하면서 사는데 이들은 왜 난 이렇게

나를 가장 빛나게 만드는 사람은 나 자신뿐이다

남의 눈치를 봐야 하는지 답답할 것이다. 늘 누군가가 자신에게 먼저 뭘 해주기를 바라는 수동형 인간으로 살아가는 못난 모습이 싫을 것이다.

영화 〈가디언즈 오브 갤럭시 2〉에 출연하여 뒤늦게 할리우드에서 빛을 본 크리스 프랫은 37세라는 나이에 늦깎이 배우가 되었다. 그가 이름이 없던 시절 동안 가슴에 담았던 이야기를 털어놓고 있다.

"본인을 타인과 비교하지 마세요. 비교하면서 좌절하지 마세요. 남들이 비교하면 그냥 두세요."

다른 사람이 자신을 비교하든지 말든지 그냥 신경 쓰지 말라고 이야기하고 있다. 그리고 자기보다 더 잘하는 사람이나 못하는 사람과도 비교하지 말고 그냥 자신임을 깨달으라는 이야기를 반복해서 말한다. 그 말의 뜻은 사람들은 누구나 각자 가진 '독창성'이 있으므로 그것을 강점으로 만들어가는 긍정적인 자세를 가지라는 메시지이다.

이는 얼마나 공감이 가는 이야기인지 모른다. 한국처럼 철저한 학력위주 제도로 인한 비교 문화는 수많은 패배자를 만들어내고 있다. 그렇지만 비록 이런 사회일지라도 자신을 찾는 노력을 통해 자신만의 강점을 발견한다면 남들이 미처 갖지 못한 의미 있는 삶을 찾아가는 모습이 전혀 불가능하지는 않을 것이다.

자기 목소리를 내는 또 하나의 대안

바로 내가 나만의 목소리를 내고 또 듣는 습관을 갖기 위해서 해온 것은 메모이다. 노트는 어디를 가든지 늘 나와 함께 했다. 그리고 틈틈이 홀로 있을 때마다 이런저런 내 생각을 그 노트에 적어내고는 했다. 미처 내지 못한 의견들이나 생각은 여기에 대신 이야기할 수 있었다.

좋은 사람 콤플렉스에 걸린 사람은 세상에 자기가 비치는 모습이 늘 신경이 쓰이기 때문에 어디에도 자신의 속 이야기를 풀지 못한다. 미처 풀어내지 못한 그 감정은 자신의 내부 어디엔가 늘 불안정하게 쌓여 있다. 이 풀리지 않아 쌓인 감정은 내 안에 큰 분노로 변해 자칫하면 어느 순간 폭발하게 될지도 모르는 위험 요인으로 있게 된다. 이럴 때는 이 감정들을 어디엔가 풀어내야 하는데 사람들은 그 방법을 잘 알지를 못한다. 그래서 늘 악순환이 일어나게 되는 것이다.

사방이 막혀 있어 답답한 형편이 되면 부정적인 말이 입에서 튀어나오기에 십상이다. 그러면 그 뒤의 형편은 늘 더 안 좋게 될 수밖에 없다. 만약 자신에게 이런 상황이 오면 어디든 자신만의 장소를 찾으면 좋다. 아무도 아는 사람이 없는 카페 등은 좋은 장소가 될 것이다. 그리고 거기서 마음이 풀릴 때까지 얼마 동안이든 앉아 마음을 노트에 쏟아놓는 일은 정말 가치가 있다. 종이 위에 기록하면 아무런 제약 없이 얼마든지 자기 마음을 쏟아놓을 수가 있다.

노트는 정말 편리한 곳이다. 아무런 주제 없이도 나의 상한 마음을 적어나가다 보면 나의 마음은 어느새 평온해질 수가 있다. 그러다 보면 다시는 부정적인 생각이 머물지 않게 된다. 그리고 하나씩 긍정의 생각들이 머리를 들면서 각자의 세상을 다시 환하게 만들어줄 수가 있다.

감정이란 것은 글로 쓰게 되면 자신으로부터 떨어져 나갈 수가 있다. 감정이 언어라는 형태로 가시화되면 그로써 사람의 마음으로부터 분리가 될 수 있는 것이다. 이는 감정을 객관적으로 볼 수 있게 한다. 글을 적어나가게 되면 마음이 많이 차분해지는데 바로 이런 이유이다.

이렇게 글로 감정을 적어서 읽어보는 것은 자신을 감정의 피해자가 아니라 제삼자와 같은 관찰자가 되어보는 방법이다. 내 마음에 들지 않는 현실을 바꾸려면 나의 모습 그대로를 볼 수 있어야 하는데 내 안에 쌓인 감정을 그대로 담고 있는 상태에선 내 모습을 그대로 보는 게 불가능하다. 그렇지만 노트에 적어가면서 살피다 보면 감정의 원인도 찾을 수 있고 그에 대한 대책도 떠오를 수가 있다.

내 안의 잠재의식은 당연히 그럴 수 있는 능력이 있기 때문이다. 따라서 이렇게 힘든 상황이 오히려 상당히 좋은 변화의 기회가 될 수 있다. 필자도 힘들 때마다 노트를 펴고 메모를 하면서 그 많은 어려웠던 상황들을 생각보다 빨리 헤쳐나올 수가 있었다.

『돈의 신에게 사랑받는 3줄의 마법』을 쓴 후지모토 사키코는 "자신의 감정을 정확하게 확인하고 그 뒤에 감춰진 생각을 찾아내면 타인의 가치관에 절대 좌지우지되지 않을 수 있다."라고 말한다. 누구든 노트를 사용해보기를 적극적으로 권하는 바이다.

메모하는 습관은 나 자신을 더 사랑할 수 있는 좋은 길로 안내해주리라 믿는다.

나를 가장 빛나게 만드는 사람은 나 자신뿐이다

02

자기 연민에 시간을 낭비하지 마라

/

"나는 들짐승이 자기 연민에 빠진 것을 본 적이 없다.
얼어붙은 작은 새가 나뭇가지에 떨어질 때
그 새는 자기의 존재에 대해 슬퍼해 본 적도 없으리라."
– D.H. 로렌스 (시인)

자기 연민이란

연민이라는 단어의 뜻은 '다른 사람의 처지를 불쌍히 여기는 마음'이
다. 따라서 자기 연민이란 자기 자신을 불쌍하게 생각함을 의미한다. 자
신이 느낀 고통스러움을 생각하며 자신을 달래는 행위이다. 그래서 자기
연민은 바로 다른 사람들로부터 자신이 원하는 정서적 반응을 찾지 못한
사람들이 보이는 '자기애적 상태'이다.

나는 자신을 불쌍히 여기는 건 별로 좋아하지 않는다. 누군가가 나를

불쌍히 여기는 것도 싫다. 또 내가 누군가를 불쌍히 여기는 것도 좋아하지 않는다. 그런 삶은 인간적인 삶이 아니다. 스스로나 누군가에게 나의 처지를 내맡겨 동정을 받는 건 정말 원하지 않는다. 그래서 나는 힘들면 모든 걸 내려놓고 조용한 곳을 찾아가 책을 읽거나 메모를 하면서 생각을 집중하곤 했다. 적어도 자신을 정말 딱하고 불쌍해하는 궁상 같은 것은 떨지 않았다.

자기 연민은 과거에 받지 못한 위로를 나 자신에게 해줌으로써 정서적으로 일시적인 안정을 느끼게 하는 효과는 있을 것이다. 그렇지만 심하게 빠지면 모든 에너지를 자신에게만 쓰게 되어 자칫 타인들로부터 고립되거나 소외되는 문제가 생길 수 있다고 심리학자들은 경고하고 있다. 자신의 불합리한 행위를 어떻게든 합리화시키려 하고 상처받은 아이로 남아 끊임없이 사랑을 갈구하려고 하는 것이다.

그리고 자기 연민에 빠진 이들은 의존 욕구가 강해서 자신의 약해진 자아를 보강해 줄 수 있는, 보다 힘 있고 이해심 많은 이상적인 대상을 찾아 헤매게 된다. 이들은 자신을 돌봐 줄 누군가가 필요한 것이다. 그러다가 마침내 그런 대상을 만나면 오히려 그를 조종하고 착취하려는 행동들이 유치하게 드러난다.

따라서 이런 사람들에게 이해와 공감, 위로만 해주는 어설픈 도움은 위험하다고 심리학자들은 경계한다. 자칫하면 그 상태가 고착되어버리기 때문이다. 따라서 그보다는 본인 스스로 깨우칠 수 있도록 문제를 직면하게 만들고, 문제의 원인을 명료하게 하며, 그 결과를 해석해주는 게 더 바람직하다.

당신이 만일 자기 연민에 빠져 슬퍼하고 있다면 잘 생각해보라. 다친 손가락에 반창고를 붙인 네 살짜리 아이처럼 행동하고 있는 것은 아닌지. 그러면서도 한편으로는 자신의 슬픔을 즐기고 있는 것은 아닌지.

초기 이민 정착 시절

내가 약 20년 전 늦깎이로 미국에 이민자로 오게 되었을 때는 자기 연민에 빠지기 딱 좋을 때였다. 전에 회사 일로 와서 잠깐씩 보던 미국과는 사뭇 달랐다. 사촌 처제의 집에 잠시 기거하며 들은 사람들의 사는 생생한 모습에 주눅도 많이 들었다. 그래서 내가 도대체 왜 이곳에 왔을까? 뉴질랜드에 그냥 머물러 있을 걸 하는 후회들이 순간적으로 밀려오곤 했다. 그래서 한국보다는 3년 반밖에 안 살았던 뉴질랜드의 향수가 더 오래 우리 가족과 함께 머물러 있었다.

그렇지만 나는 식구를 책임진 가장이었다. 잠시도 자기 연민 따위로 낭비할 시간이 없었다. 우선은 머리를 냉정히 하는 게 필요했다. 이런 시시한 생각이 머리에 들어올 때는 빠른 행동이 최선이다. 그래서 매일 식구들이 모두 잠든 시간 노트를 펴놓고 이런저런 궁리를 끊임없이 하고는 했다. 더 생각할 게 없으면 마음에 힘든 일들을 끄적거렸다. 나 스스로에 대한 연민이 올라올 때는 여지없이 노트가 나의 가장 가까운 친구였다.

나중에 아내는 왜 자기한테 이야기하지 않았느냐고 서운해했을지는 몰라도 분명 아내는 나보다 훨씬 힘든 상태였을 것이다. 남편과 자식들의 중간에 있는 엄마에게 왜 속이 없었을까? 단지 나는 거기에 뻔한 나의 짐까지 씌우고 싶지 않았다. 아내도 걱정으로 이미 포화 상태였다.

우리에게 지금의 생활에 필요한 사항들이나 아이들 학교 문제, 그리고 아내의 건강에 필요한 의료 사항들과 일자리 찾기 등이 가장 시급한 것들이었다. 그러고도 또 어떤 것들이 더 필요할지 누구도 알 수 없었다. 그렇지만 이런 상황에도 하루의 마지막은 늘 긍정으로 마무리하려 최선을 다했다. 그 방법은 간단했다. 그냥 기대를 적기만 하면 되었다. 머리는 복잡했지만 내일 있을 수 있는 기적들에 대한 기대를 생각했다.

얼마 후, 겨우 아내가 먼저 조그만 편의점에서 일하게 되었는데 하필 출근한 첫날에 냉장고를 채우면서 허리를 다쳐 집으로 돌아오고 말았다.

우리에게는 의료보험이 없어서 한의원에서 치료를 받으며 몇백 불씩이
나 지급해야 했다. 의료보험이 없던 우리는 정말 힘들었다. 이런 일 때문
에 몇 가지 내 나름의 구직 원칙을 정하게 되었다.

나만의 구직 원칙

1. 기술, 전문직의 직종을 찾을 것
2. 반드시 의료 혜택이 있는 일일 것
3. 같은 산업에 머물러 있을 것
4. 육체적 노동의 일은 고려하지 말 것
5. 은퇴 계획의 혜택이 있는 일일 것
6. 나중에 개인의 비즈니스로 전환이 가능할 것
7. 여행의 기회들이 있을 것

이때 정한 나의 원칙은 신기하게도 지금까지 모두 잘 지켜지고 있다.
내가 좋아하는 책 『종이 위의 기적, 쓰면 이루어진다』(헨리에트 앤 클라우저)
에 대한 출판사 서평에 이렇게 적혀 있다.

"자신의 열망을 쏟아부어서 적은 메모 한 장, 글 한 줄은 물론이거니와 무의식중에 적어봤던 몇 자의 단어들에도 모두 에너지가 담겨 있다. 그 에너지가 목표를 끊임없이 끌어당김으로써 결국 사람과 세상을 움직이게 된다."

자기 연민이 필요할 때는 바로 누군가에게 나의 마음을 진솔하게 내놓아야 할 때이다. 그런 힘든 시간이야말로 오히려 나의 밝은 미래를 창조할 좋은 기회라고 생각하는 것이 필요하다. 왜냐하면 대부분의 좋은 일들은 다 역경 중에 만들어진 것이기 때문이다.

힘들 때는 사람들에게 집착하지 말고 조용히 나만의 노트를 펴고 나의 불안과 초조, 그리고 염려를 적어보는 시간을 가져보기를 권한다. 그러면 어느 순간에 거기에 비치는 빛을 볼 수 있게 될 것이다.

힘든 시간이야말로 오히려 나의 밝은 미래를 창조할
좋은 기회라고 생각하는 것이 필요하다.
왜냐하면 대부분의 좋은 일들은
다 역경 중에 만들어진 것이기 때문이다.

과거가 아닌 현재에 살아라

/

"사람들은 동기부여는 오래가지 않는다고 말한다.
목욕도 마찬가지다. 그래서 매일 하라고 하는 것이다."
— 지그 지글러 (작가, 동기부여가)

지금이라는 시간의 의미를 깨달아라

필자는 온갖 수고를 해서 쌓아 놓은 실적을 한순간에 잃어본 적이 있다. 힘들여 좋은 재능을 가진 사람들을 뽑고 열심히 해 좋은 결과도 거두었는데 그 모두를 정말 일시에 다 날려버렸다.

그 원인은 다른 것이 아니었다. 어느 날 마음에 떠올라온 서운함 하나 때문이었다. 그 서운함은 오랫동안 내 안에 계속 머물러 있었다. 잠을 잘 수도 없었고 그렇게 긴 시간 주저하다가 급기야 사람들 모두를 잃게 되었다.

나를 가장 빛나게 만드는 사람은 나 자신뿐이다

이 모든 것은 나의 무지함 때문에 생긴 일이었다. 괜한 서운함에 시간을 허송하다가 일을 망쳐버린 것이다. 그때는 느낌과 생각이 시간과 더불어 갖는 상관 관계를 나는 전혀 깨닫지 못했다. 되돌아 잘 생각해보면 나의 어려운 형편은 자연히 생긴 것이 아니고 어느 원인 때문에 생긴 결과였다. 내가 지나간 시간에 했던 결정이나 행위가 그렇게 나타난 것뿐이었다.

『신과 나눈 이야기』에서 작가 닐 도날드 월쉬는 시간은 연속체가 아니고 수평이 아닌 수직으로 존재한다고 했다. 그래서 존재하는 것은 오직 한순간 이 순간, 영원한 지금 순간뿐이라는 말을 했다.

이를 풀어보면 '지금'이라는 시간은 그냥 지나가버리는 시간이 아니라 미래와 함께 동시에 펼쳐지고 있다. 즉 현재는 미래와 함께 가는 것이다. 긴 시간 동안 사태를 개선하려 하지 않고 나는 앞으로 다가올 시간에까지 잘못된 감정을 흘려 내보내고 있었다. 그 결과로 충실한 시간은 그에 맞는 결과를 정확한 모습으로 펼쳐 보여주었다. 만약 이런 사실을 진작 깨달았다면 아마도 지금 나는 다른 결과들을 얻었을 것이다.

지금 내가 경험하는 시간은 어디서 뚝 떨어진 게 아니라 바로 전에 내가 뿌린 생각대로 결과를 거두는 것이다. 마찬가지로 지금 내가 하는 생각들은 바로 또 다른 씨앗이 되어 미래에 곧 그 열매로 나타나게 될 것이다. 지금 내가 어떻게 생각하느냐가 바로 나의 미래에 나타날 모습이다. 그래서 어떻게 보면 '지금'이라는 시간은 바로 나의 과거와 현재 그리고 장차 올 시간 모두가 함께 존재하고 있는 것이다.

현재를 살아라

오늘을 열심히 산다고 생각은 막상 했지만, 과거와 미래에 대한 후회, 염려, 불안 그리고 걱정으로 가득 찬 시간을 보내고 있는 경우가 대부분이다. 그래서 몸은 현재를 살고 있어도 생각과 의식은 '현재'라는 시간에 비집고 들어올 틈이 전혀 없다. 따라서 지금 누릴 수 있는 온갖 좋은 것들을 하나도 누리지를 못한다. 좋아도 좋은 것을 모르고 맛있는 음식을 먹어도 염려 때문에 맛을 모른다.

익숙하지 않은 사람들에게 현재를 사는 것은 몹시 힘든 일이다. 그렇지만 진정 현실에 충실할 수만 있다면 우리는 당장 눈앞의 상황이나 과거의 나쁜 기억으로 인해 산만해지거나 기분이 상하지는 않을 것이다. 부정적인 기분이 들 때라도 정상적인 밝은 상태로 회복하는 데는 불과 얼마 걸리지 않는다. 하지만 만약 집착하듯 슬프고 화나게 만드는 기억만 떠올린다면, 다시 그 감정에 갇히는 악순환에 빠지게 될 것이다.

나를 가장 빛나게 만드는 사람은 나 자신뿐이다

이럴 때 우리는 관심의 초점을 바꿈으로써 기분을 전환할 수 있다. 부정적인 기분이 들 때는 잠시 숨을 고르고 그 생각을 잊도록 다른 생각을 해보라. 다른 생각을 하거나 다른 행동을 하고, 행복한 기억을 떠올리고, 음악을 듣거나, 걷거나 아니면 재미있는 영화에 집중해보는 것도 좋은 방법이다.

"일생을 통해 도움이 안 되는 감정이 두 가지가 있다. 이미 일어난 일에 대한 자책감과 아직 일어나지 않은 일에 대한 섣부른 걱정이 그것이다."

– 웨인 다이어

이런 자신의 마음 상태를 우리는 알아서 깨어나는 게 필요하다. 우리의 생각을 관찰하는 것은 우리가 어떤 마음인지를 알아가는 첫 번째 단계다. 이렇게 함으로써 우리의 생각하는 방식을 바꿀 수 있을 것이다. 이는 우리의 기분과 행동에 변화를 줄 수 있게 한다.

그리고 우리는 다시는 기분 나쁜 과거에 집착하지 않아도 된다. 나쁜 기억은 오직 부정적인 감정을 끌어들일 뿐이다. 그 대신, 긍정적인 태도를 취함으로써 우리의 나쁜 감정을 정화할 수 있다. 긍정적인 태도란 우리의 부정적인 생각과 기분을 긍정적인 것으로 바꾸는 과정을 의미하는 것이다.

밝은 미래를 보고 싶다면 불안, 걱정이 아니라 행복한 마음과 느낌을 이 순간 심는 게 필요하다. 부정적인 생각과 감정들을 의식적으로 거절하고 현재에 집중해 작더라도 행복하고 즐거움을 느끼려는 노력을 해야 한다. 이것이 바로 다가올 미래를 풍요롭게 만드는 가장 확실한 방법이다. 이른 아침, 집안에 흐르는 커피의 향기에 잠깐이라도 마음을 쏟을 수 있다면 훌륭한 시간이 될 수 있다.

나를 가장 빛나게 만드는 사람은 나 자신뿐이다

자신이 통제할 수 없는 일로
불평하지 마라

/

> "내가 강해질 용기를 낼 때, 내 힘을 내 비전을 위해 사용할 때
> 내가 두려워하는지는 점점 덜 중요해진다."
> — 오드리 로드 (흑인 운동가, 작가)

입에서 나오는 말들을 주의하라

불평은 습관이다. 불평하는 사람은 늘 불평한다. 그 습관은 없애기가 매우 어렵다. 불평하는 사람은 늘 자신이 피해자라고 생각한다. 그리고 자기 자신에게 벌어진 일에 대한 책임을 지지도 않는다.

그래서 불편한 상황에 대해서는 아무런 조치도 취하지 않은 채 불평만 계속한다. 그들의 이러한 모습은 주위의 사람들을 불편하게 만들 뿐 아니라 팀의 사기에도 아주 좋지 않은 영향을 미친다.

팀을 관리하면서 보면 대표적인 불평의 습관을 지닌 사람들이 몇 명 있었다. 피터(가명)는 열심히 일하는 직원이었다. 혼자 가만 놔둬도 자기 일은 성실하게 잘 해내는 친구이다. 그리고 실적도 꾸준하게 내는 사람이었는데 사람들이 모두 그를 기피하곤 했다.

그는 아침마다 출근하면 반드시 나한테 들리곤 했는데 으레 하는 행사가 있었다. 그가 출근해 내 방에 들어오면 벌써 이마에 주름이 깊게 파여 있다. 그리고 첫 마디가 "에이, 쯔."였다. 내가 아무리 그의 매니저이긴 하지만 이런 그의 모습을 보면 가슴이 철렁한다. 또 어디 무슨 큰 문제나 터진 건 아닌지 걱정이 앞서는 것이다. 그렇지만 막상 이야기를 자세히 들어보면 사실 별일도 아니다. 언제 어디든지 일어날 사소한 것들임에도 그런 것들조차도 심각하게 받아들이는 데서 오는 습관이다.

이런 경우 그가 어떻게 처리할 건지 물어보면 그는 항상 너무 심각한 대안을 내놓았다. 전혀 그럴 사안이 아님에도 아주 강한 의견을 말했다. 결국 대부분 나의 중재로 간단히 넘어가지만 난 그가 좀 딱하게 생각되었다. 아침 일찍 그렇게 내게 달려올 때는 그가 간밤에 제대로 잠도 못 자면서 고민했을 것이 틀림없었다.

가끔 보면 문제들과 씨름하느라 밤늦게까지 잠을 잘 안 자는 사람들이

나를 가장 빛나게 만드는 사람은 나 자신뿐이다

있다. 이것은 아주 안 좋은 현상이다. 우리의 잠재의식은 밤에 우리를 위해 많은 일을 한다. 우리가 잠자기 직전에 갖는 생각은 우리의 잠재의식이 밤에 일하는 중요한 재료이다.

그는 그 재료를 가지고 우리를 위한 것을 만들어내는 것이다. 이른바 '끌림의 법칙'은 바로 그런 원리에 의해서 작동한다. 우리가 좋은 일만 생각하고 의식한다면 잠재의식은 그의 창조적 능력을 발휘하여 같은 퀄리티의 삶을 우리에게 가져다주게 된다. 반대로 우리가 부정적인 것에 머물러서 그런 것을 계속 생각하게 된다면 우리의 주변은 금방 그러한 부정적인 것으로 둘러싸이게 되는 것이다.

위에서 피터는 부정적인 경우이다. 그래서 그런지 그는 늘 문제들에 휩싸여 있었다. 도무지 그의 마음에 드는 게 하나도 없어 보인다. 하는 수 없이 나는 그에게 부탁하였다. 앞으로 내 방에 올 때는 반드시 그가 입으로 뱉는 첫 마디를 긍정으로 바꿀 것과 의식적으로 긍정적인 리포트를 가져오라고 지시를 했다. 그도 그였지만 나도 종일 많은 사람과 만나야 하는데 더는 부정적인 영향을 받을 수는 없었기 때문이다.

후에 나는 회사를 옮기는 바람에 이제는 그와 연락은 끊어졌지만, 나중에 듣는 소문으로는 그는 완전히 외톨이로 지내고 있었다. 아무도 그에게 가까이 가지 않으려 한다는 후문이었다.

불평에는 분명한 특성이 있다. 불평은 수동적이므로 그것으로 인해서는 어떠한 일도 벌어지지 않는다. 아무것도 해결되지 않는 것이다. 불평은 자신이 피해자가 된 것처럼 느끼게 한다. 문제는 벌어지고 있는 일을 개선하기 위해 그 어떠한 노력도 하지 않는 것이다. 사람들은 자신들이 싫어하는 일이 벌어지면 그냥 일을 피하려는 경향이 있다. 그런 것들이 야말로 불만을 일으키게 하는 가장 쉬운 원인이 된다.

바꿀 수 없는 일들로 에너지를 낭비하지 마라

한편 분명 바꿀 수 없는 부분들도 있을 것이다. 하나의 예로 과거에 저질러진 실수는 바꿀 수 없다. 그런데도 이런 일들로 계속 투덜거리며 불평만 할 수는 없다. 바꿀 수 없는 과거에 사로잡혀서 현재를 살 필요는 없다. 이러한 행동은 아무 의미가 없는 일이다. 더 이상 우리의 시간과 에너지를 이런 일로 낭비할 수는 없는 것이다. 이런 경우 불평만 멈추면 같은 시간을 훨씬 더 유용하게 사용할 수 있다.

우리에게 일어나는 일의 대부분은 우리 자신의 책임이다. 타인의 잘못 때문이라고 말하고 싶겠지만 그것은 틀린 생각이다. 우리의 불평을 느끼는 강한 생각이 그런 일들을 초래한 것이기 때문이다. 아무리 타인이 그릇되게 행동했더라도 이러한 일이 벌어지게 한 것은 모두 우리가 선택한 일이기 때문이다.

따라서 이미 일어나는 일에 대해 다른 사람들의 탓을 할 수는 없다. 이 말은 우리가 모든 행동에 대한 책임을 스스로 져야 한다는 뜻이다. 어차피 어쩔 수 없는 일을 당하게 되면 우리는 확실하게 행동을 해야 한다. 어려움에 직면할수록 정확하게 대처해야 한다. 한갓 감상에 빠져 자기 연민의 모습을 보여서는 안 된다.

이탈리아의 심리학자 살보 노에는 그의 저서 『불평 멈추기』에서 불평의 특성을 말하면서 불평 그 자체는 어떤 해결 방안보다는 문제에 더 집중하게 한다고 지적했다. 그리고 그로 인한 부정적 감정만을 기억한다고 말한다. 이는 현재 지향적이라기보다는 과거 집착형 형태로 나타난다.

얼마나 정확한 지적인지 모른다. 저자는 왜 불평하는지, 누가 불평하는지 그리고 불평을 멈추기 위해 어떻게 해야 하는지를 다방면으로 제시한다. 불평을 멈추는 것은 그냥 인내심이나 기르는 것이 아니라 적극적으로 해결책을 찾아 행동하는 것이다.

우리 앞에 어려운 문제로 인한 일이 생겼을 때, 그것을 어떻게 받아들이냐는 것은 전적으로 우리의 선택이다. 그때 불평을 선택하면 우리의 주위는 계속 불평거리가 넘치게 되겠지만 우리에게 주어진 개선의 기회로 생각한다면 그로부터 불평이라는 괴물의 노예로부터 해방되게 된다.

살보 노에는 또 불평을 멈춘다는 것은 아무 말도 안 한다거나 참으라는 것이 아니라, 해결책을 찾기 위해 말하고, 합당하지 않은 일은 반대하며, 역량과 실력을 높이고, 필요한 사람을 도와주고 지지하는 것을 의미한다고 역설했다.

불평하는 사람은 불평이 인격 그 자체다. 문제는 본인만 그런 인생을 사는 것이 아니라 주변 사람들 모두를 불평스러운 인생으로 만드는 것이다. 만약 반대로 감사를 습관화하면 감사가 인격 그 자체가 되며 저절로 감사의 눈을 가질 수 있게 된다. '감사가 행복해지는 연습이라면, 불평은 불행해지는 연습이다.'

우리는 굳이 진흙탕 속 세상을 걸으면서 어두운 곳에 살 필요가 없다. 우리가 동의하는 대로 세상이 바뀌기 때문이다. 자신이 어떤 세상에 거할 것인가는 우리의 영혼을 원하는 상태에 있도록만 하면 될 것이다. 그 선택은 사람들 각자의 몫이다.

나를 가장 빛나게 만드는 사람은 나 자신뿐이다

환경이나 주변 사람을 탓하지 마라

/

"우리가 할 수 있는 최선을 다할 때,
우리 혹은 타인의 삶에 어떤 기적이 나타나는지 아무도 모른다."
– 헬렌 켈러 (교육자)

먼저 자신의 습관을 바꿔보라

나는 아침에 눈을 뜨면 습관적으로 감사 거리와 긍정의 메시지들을 찾는다. 밤사이에도 내 주위엔 긍정의 음악들을 아주 낮게 흐르도록 해놓고 잠자리에 든다. 그리고 잠자리에 들기 전에는 기지개를 쭈욱 켜면서 한마디를 한다.

"아, 너무 편하고 좋다."

그러면 정말 느낌이 그렇게 좋을 수가 없다. 잠자리의 이부자리 촉감도 환상으로 변한다. 아마도 불을 꺼서 볼 수는 없어도 이때 나의 얼굴은 가장 환하고 활짝 핀 모습일 것이다. 그러고는 내가 그리고 있는 것 중에서 가장 신날 만한 것 하나를 끄집어내 즐거운 상상을 한다. 그렇게 되면 불과 몇 분도 안 되어 깊은 잠에 빠지게 된다.

이것은 하루 동안의 어떤 부정적인 느낌도 나만의 잠자는 시간에 불러들이지 않으려는 나만의 결심이고 또 노력이다. 감정의 에스컬레이터를 타던 예전엔 이런 행동들이 가식적인 것 같아서 불편했지만 한 해 동안 꾸준히 연습한 결과 많은 진전이 있어 이제는 습관처럼 되었다.

밤에 잠을 너무 늦게 자는 습관이 있다든지 잠을 못 자는 사람을 주의하라는 어느 교수의 유튜버 영상을 본 적이 있다. 그의 지론은 우리가 잠자는 사이에 우리를 위한 모든 창조적인 일들이 잠재의식을 통해 일어나는데 그 시간을 놓치면 우리의 사고에 별로 좋지 않을 뿐 아니라 대단히 위험한 결과를 초래하게 된다는 그 학자의 지론이었다.

나도 이미 체험을 통해 이 사실을 알게 되어 잠자는 습관을 바꿔 보려고 노력하는 중이어서 그의 말에 크게 공감했다. 혹시 이 글을 읽는 독자분들 가운데 삶이 힘든 분들이 있으면 먼저 잠자는 습관을 바꿔보라고 권하고 싶다.

하루를 긍정으로 시작하기

아침에 출근하면 내 방으로 제일 먼저 찾아오는 사람들의 표정과 하루 첫인사를 유심히 살핀다. 매일 영업 현장으로 나가는 사람들의 심리가 중요하기 때문이다. 나는 힘써 밝은 모습과 긍정의 얼굴을 기대하면서 그들을 맞는다. 내가 제일 반기는 사람은 물론 싱글거리며 들어오는 이들이다. 이들은 다른 말이 필요 없다.

그렇지만 사람들 각자 그들만의 특징이 뚜렷하다. 볼멘 표정으로 들어오는 사람은 또 늘 그 모습이다. 아무리 권해도 어쩔 수 없는 습관은 불평거리들을 우선으로 집어들게 되는가 보다.

『푸념도 습관이다』를 쓴 우에니시 아키라는 "푸념하지 않겠다고 마음만 먹어도 삶의 방향이 바뀐다."라고 자신 있게 말하고 있다. 그것은 아마도 그 자신이 힘든 삶의 계곡에서 헤쳐나온 경험에 근거할 것이다. 푸념한다고 해서 나빠진 상황이 더 나아지지 않을 뿐 아니라 오히려 대부분 더 나빠지기 마련이기 때문이다.

그는 일단 푸념을 시작하면 정상적인 생각이 어려우므로 애초부터 푸념하지 않겠노라고 마음먹는 것이 좋다고 말한다. 살다 보면 어느 순간 푸념이 많아지기 마련인데 만약 그런 불평거리가 입 밖으로 혹시 나오게 된다면 그건 자신의 사는 방식을 다시 확인해봐야 하는 때라고 지적한다. 누구든 자신의 꿈을 성취하기 위해 노력하는 사람은 푸념하지 않기 때문이다. 설사 힘들더라도 노력하여 넘어가는 과정 자체가 이미 큰 성취임을 깨달을 수 있다면 그런 복이 없을 것이다.

　우에니시 아키라는 이 책에서 미국의 목사, 조셉 머피의 말을 다음과 같이 인용하고 있다.

　"행복한 인생을 사는 사람은 어떻게 말을 해야 좋을지 잘 알고 있다. 말은 골라서 하는 것이 중요하다. 한마디 말로 인생은 밝아지기도 어두워지기도 한다."

- 『푸념도 습관이다』, 우에니시 아키라

　후지모토 사키코는 그녀의 책 『돈의 신에게 사랑받는 3줄의 마법』에서 노트를 사용해 감정을 조절하는 법을 잘 알려주고 있다. 그에 의하면 노트는 어느 '누구에게도 방해받지 않고 혼자서 마음껏 부정적 감정을 토로할 수 있는 공간'이다.

나를 가장 빛나게 만드는 사람은 나 자신뿐이다

불평이나 걱정, 부정적 생각을 멈추겠다고 결심을 하면 보는 눈이 자연히 긍정으로 향하게 된다. 어느 일이나 부정적인 요소만 있는 것은 아니다. 불평거리만 제거하면 나머지는 모두 긍정이다. 걱정거리는 당장엔 너무 크게 보이기 때문에 실제로 누리고 있는 것들을 보지 못하고 불행한 사람으로 살아가게 하는 것이다.

또 많은 사람이 걱정에 시달리느라 정작 가장 중요한 현재에 집중하지 못한다. 그러나 걱정하는 것으로 바꿀 수 있는 것은 아무것도 없다. 실패로 인한 걱정보다는 차라리 잘 된다는 긍정적인 상상을 하는 게 훨씬 낫다. 실패를 생각하면 실패하게 되고, 성공을 생각하면 성공하게 되어 있다. 적극적이고 긍정적인 사고는 실패를 성공으로 가기 위한 과정이라고 생각하게 한다.

따라서 걱정이 마음에 들어올 때는 지금이라는 시간에 집중해보는 노력이 필요하다. 현실과 미래를 즐겁고 행복하게 하는 방법은 지금 있는 현실에 집중하고 충실하게 보내는 것이다. 모든 감각을 집중해서 지금, 이 순간을 느껴보기를 권한다. 예를 들면, 글 쓰는 동안 펜의 촉감을 느껴보거나 마시는 찻잔의 따뜻함에 집중해보기도 하고 운전 중에 느껴지는 차 핸들의 감촉을 알아보는 일과 같은 것들이다.

지나간 날의 일에 사로잡혀 있거나, 아직 오지도 않은 미래를 걱정하는 것은 아무 도움이 되지를 않는다. 차라리 지금만의 소소하지만 작은 즐거움이라도 집중해서 느낄 수 있으면 큰 도움이 될 것이다. 그러한 행동은 바로 다가올 시간에 행복을 뿌리는 씨앗이 된다.

쓸데없는 미래에 대한 걱정 때문에 불안에 시달리거나 과거에서 비롯된 분노를 곱씹고 있는 것은 이미 얼마든지 내 주변에 넘치는 현재의 행복을 포기하는 것이다.

전에는 늘 다른 사람들이 문제였다. 그래서 심지어 회사를 옮기는 것도 심각하게 고려한 적도 있었다. 그렇지만 세상 어디에도 나만을 위한 환경은 없다. 이것만 깨달아 알아도 세상이 내게 새로이 열리는 것을 알 수 있다.

세상은 나에게 열린 도화지와 같다. 거기에 어떤 글을 쓸지 어떤 그림을 그릴지는 전적으로 나의 몫이다. 단지 내 생각의 관점만 조금 바꾸면 전혀 다른 긍정의 세계가 이미 열려 있는 것을 발견할 것이다.

나를 가장 빛나게 만드는 사람은 나 자신뿐이다

06

내려놓는 법을 배워라

/

"오직 한 가지 성공이 있을 뿐이다.
바로 자기 자신만의 방식으로 삶을 살아갈 수 있느냐이다."
– 크리스토퍼 몰리 (저널리스트)

마지못해 내려놓는 건 힘들다

인생이 정말 힘든 사람 하나를 만났었다. 그는 내게 그의 어려운 형편을 장시간 이야기했다. 아주 조용한 사람이었다. 참 성실했음에도 불구하고 일이 안 풀려 직장을 그만두어야 했다.

그의 이야기 속엔 많은 아쉬움이 있었다. 점잖은 사람이라 자세한 이야기는 피했지만, 사람들과의 관계가 아주 어려웠던 걸 짐작할 수 있었다. 그로 인한 상처가 너무 컸다. 사람들에 대한 원망도 조금씩 읽혔다.

내가 그를 만났을 무렵엔 나의 형편도 그와 아주 다르지 않았다. 아무도 모르는 곳으로 옮겨 가버리려고 했을 정도였다. 일이 너무 꼬여 정말 막막했다. 문제를 풀고 싶어도 어떻게 해야 할지 몰라 그저 책만 찾아 읽었다. 때도 없이 불쑥불쑥 올라오는 생각들로 마음을 주체하기가 쉽지 않았다.

메모지 한 장 위에 도대체 뭐가 그렇게 어려운지 떠오르는 대로 기록했다. 그리고 왜 그렇게 분한 마음이 드는지 물었다. 이렇게 생각을 하다 보니 처음엔 이름들이 떠올랐다. 다시 떠올리기도 싫은 이름들이었다. 상당히 감정적인 단어들도 떠올랐다. 포기할 수 없는 것을 억지로 포기해야 하는 억울함도 들어 있었다.

사람들은 자기들이 받은 도움을 오래 기억하지 않는다. 100가지의 도움을 받고도 한 가지가 서운하면 등 돌림에 지체가 없다. 원래가 그렇다. 나도 예외가 될 수 없다. 나도 마찬가지로 그렇게 행동한 게 없을 수 없다. 어쩌면 그런 일을 당하는 건 나에게 과거에 내가 했던 그 점을 기억시키려는 우주의 법칙인지도 모른다.

또 사람들은 자기가 남한테 조금 해준 것은 크게 생각하면서도 자기가 준 상처는 기억하지 못한다. 그래서 자신의 잘못으로 인해 떠나간 사람들만 욕하고 앉아 있다. 따져보면 어느 쪽도 충분한 이유가 있을 것이다.

나를 가장 빛나게 만드는 사람은 나 자신뿐이다

이렇게 적어나가다 보면 생각이 조금씩 정리된다. 사람이란 본래부터 그런 존재들이라 미련을 두는 자체가 어리석은 일이다. 조금이라도 생각할 능력이 있다면 이는 너무도 분명한 이유가 될 일이었다.

그리고 지금은 억지로 포기해야 한다고 서운해하고 있지만 사실 그것들은 원래부터 나와 함께 있을 수 있는 시간이 정해져 있는 것이었다. 이제 그 시효가 다 되어 떠나보내야 할 것들을 영원히 붙들고 있으려 하다 보니 집착으로 나타나는 것이다. 사람들도 나와의 시간이 얼마가 되든 같이 있어줄 수 있는 동안만 감사하면 되는 일이다. 그들도 영원히 내 곁에 있을 수는 없기 때문이다.

매사의 시효가 끝나면 다시 다른 환경이 생기는 법이다. 내가 이미 끝마친 코스에 미련을 두는 것만큼 어리석은 일은 없다. 초등학교 시절 중학교 입시에 떨어져 6학년을 두 번 다닌 적이 있었다. 그것은 재미없는 일이었다. 괜한 일을 했었다. 인제 와서 그런 삶을 다시 반복할 필요는 없다.

당시에는 지혜가 없어 못내 서운함으로 힘들게 통과한 시간이었다. 그러나 한 가지 일이 끝나면서 오랫동안 경험해보지 못한 그런 새로운 세상이 열리는 걸 종종 보게 되었다. 나의 새로운 시간에 열리는 세상은 예전의 것들을 갖고 들어갈 수는 없었다. 새 술은 새 부대에 담는 게 맞다. 그 세상에는 거기에 맞는 새로운 의식이 필요했다.

내려놓음의 지혜

내려놓음이라는 지혜는 이런 식으로 내게 다가왔다. 처음엔 억지로 마음을 가라앉히려 했지만, 나의 속사람은 전혀 다른 방법으로 하나씩 알려주었다. 전에는 추상적으로만 생각했던 행복이라는 단어를 생각하기 시작했고 끌림의 법칙들이 움직이는 듯했다.

행복이라는 건 말은 쉽게 해도 막상 누리려는 건 죄처럼 느끼며 살았었다. 교회에서 설교하는 것처럼 뭔가 늘 회개해야 하는 상황에서 내가 행복해지는 건 불가능해 보였다. 그렇게 하나님께 불성실하면서 행복을 누리겠다고? 과연 누가 하나님 앞에서 내가 행복할 자격이 있다고 주장할 수 있을까?

그런데 하나님도 우리가 행복해지는 걸 원하신다는 것을 기억해야 할 것이다. 그래서 당신은 우리 짐을 대신 지면서까지 우리에게 자유를 누리라고 하셨다. 그런데 우리는 자유를 버리고 다시 죄인이라는 멍에를 짊어진다. 그게 하나님 앞에 겸손한 모습이라고 생각하는 것이다. 그래서 쉬지 않고 뭔가를 해야 하는 부담을 기꺼이 맡는다.

정 할 게 없으면 작은 봉사라도 해서 마음이 편해지려 한다. 그래서 우리는 어쩌면 무의식적으로 행복하기를 포기했는지 모른다. 그게 아니라면 또 다르게 행복해지는 방법이란 무언가를 더 갖게 되거나 성공해야 한다. 돈을 많이 벌거나 큰 출세를 하거나 하는 것들이다.

그러나 내려놓음의 지식은 그딴 것들 하나 없어도 얼마든지 행복할 수 있음을 깨닫게 해준다. 아무런 조건 없이 내가 행복해져도 된다는 것이다. 그게 하나님이 내게 주신 복이라는 것을 일깨워준다.

그래서 감히 행복해지기로 하고 나의 환경을 하나씩 정리하기 시작했다. 부정적인 것들을 의식에서 지워내기 시작했고 긍정적이고 밝고 좋은 느낌들이 유지되도록 신경을 썼다. 우선 내가 하는 표현을 정리했다.

가능한 한 부정적인 표현을 자제했다. 페이스북의 포스팅도 긍정의 에너지들이 나타나도록 유의했다. 친구들도 심하게 부정적으로 편향된 사람들은 정리해서 눈앞에 보이지 않게 했다. 모든 것들은 나의 선택에 달려 있으므로 의식적으로 긍정들이 나타나도록 주의를 했다.

그리고는 한편으로 감사의 제목들을 적극적으로 찾았다. 세상에 당연한 것은 아무것도 없었다. 큰 감사 거리를 사소한 몇 가지의 염려로 인해 잃지 않도록 균형을 맞추려 노력했다. 이런 노력의 시간이 조금씩 길어지자 더 많은 긍정의 모습들이 나타났다. 생각보다 이런 내려놓음의 효과는 빠르게 나타나고 있다.

집착한다고 생각될 때는 의식 전환이 필요한 시간이 된 것이다. 버릴 것을 버릴 때가 되었다는 뜻이다. 이때 기꺼이 버릴 수 있다면 새로운 세계가 열리게 될 것이다. 더 큰 성장의 모습을 기대할 수 있는 것이다.

내려놓음은 바로 그걸 알게 해주는 지혜이다.

나를 가장 빛나게 만드는 사람은 나 자신뿐이다

07

감사함이라는 도구를 활용하라

/

"우리가 평생 가져야 할 태도가 있다면,
지금, 이 순간에 늘 감사하며 살아야 한다는 것이다."
— 랜디 포시 (교육자)

누구에게나 삶의 역경이 있다

사람마다 실망의 늪에 빠진 적이 있을 것이다. 주위의 모든 사람이 갑자기 내가 싫다고 떠나는 일도 생길 수 있다. 그런 경우엔 엄청난 마음의 파장이 몰려오게 될 것이다. 어디에서 잘못된 건지 도무지 알 수도 없는 경우도 닥친다.

마음속 밑바닥엔 크나큰 배신감이나 인간관계에 대한 절망감이 깔리게 된다. 도무지 그곳에서 빠져나올 수 없을 것 같다. 어디에 딱히 하소연하거나 털어놓을 데가 없을 수도 있다. 모든 게 원망스럽다.

이런 경우에는 자신의 안정을 찾는 것이 우선 필요하다. 사람마다 다르겠지만 필자의 경우는 책을 닥치는 대로 찾아 읽는다. 책 속에는 의외로 많은 해답들이 있을 수 있기 때문이다. 누구한테 물을 곳도 딱히 없을 때도 누군가는 우리를 앞서가면서 자신들의 경험을 책에 남겨놓았다.

이렇게 책을 읽으면서 다른 사람들에 관한 생각을 접을 수 있었다. 초월명상 코스도 신청하고 명상법을 배웠다. 인도의 명상법이 별로 자연스럽지는 않았지만 뭔가 다른 시도를 해보고 싶었다. 처음에는 만트라를 읊어도 끝없이 올라오는 속상한 마음이 머릿속을 헤집고 다녔다.

명상 강사는 만트라에 집중하면 파도치는 수면과 같은 마음이 점점 아래로 가라앉을 거라고 알려줬다. 도중에 떠오르는 힘든 마음들은 감정의 올에 얽혀 뭉쳐 있던 것들이 풀려나가는 과정이라고 설명해줬다.

감사하기의 경험들

『감사가 내 인생의 답이다』라는 책을 읽으며 알게 된, 하루에 100가지 감사를 100일간 쓰는 일에 도전을 한 적이 있다. 밑져도 손해 볼 일은 없겠지 하는 마음으로 시작했었다. 그리고 혹시 도중에 마음이 변할까 봐 그 결심을 페이스북에 올리기로 했다.

당시에는 사실 감사할 만하게 느껴지는 것이 아무것도 없었다. 그렇지만 그냥 무조건 적어봤다. 아침에 눈을 뜨는 게 감사하다, 밤에 잠잘 수 있어 감사하다, 가족 있음이 감사하다, 식사 주심 감사하다 등.

생각해보면 분명히 감사할 만한 일인데도 가슴에 전혀 느낌이 없는 게 너무 이상했다. 마치 죽은 가슴 같았다. 100개는커녕 단지 다섯 개도 쉽지 않았다. 그래서 생각나는 건 전부 감사하다고 적었다. 좋아하는 색이 파란색인 것도 감사하다고 적었다. 아무런 감사의 느낌이 없어도 그냥 감사하다고 적었다.

그렇게 시간이 흘러 절반쯤 지나면서 조금씩 느낌이 생기기 시작했다. 따뜻한 침대의 까칠까칠한 촉감이 좋기도 하고, 새벽에 들어간 화장실에 비친 부스스한 내 얼굴을 보고 씩 웃어줄 맘도 생겼고, 샤워하면서 노래를 흥얼거리기도 했다. 아내가 식탁에 올려놓은 키위가 달콤하고, 몇십 년 전에 내가 예수를 만난 일도 새롭게 느껴졌다.

타고 다니는 내 차가 좋아 보였고, 출퇴근 시간에 차에서 듣는 오디오북이나 강의들도 좋았다. 우리 꼬맹이들이 내 목을 꼭 끌어안고 껴안아주는 게 행복했다. 주일 설교 시간이 부쩍 짧게 느껴지고, 아침/저녁에 걸려오는 전화들이 가슴 뭉클하기도 했다. 내가 같이 일하고 싶은 사람이 있으면 이미 주셔서 고맙다고 그냥 감사해버리기도 했다. 목표를 지금보다 훨씬 크게 적어버리고 미리 모두 이루어졌다고 생각하기로 했다.

보기 싫은 건 여전히 보기 싫었고 아직 마음으로 풀리지 않은 건 그냥 놔두고 다음으로 넘어가버렸다. 그렇지만 한 가지 감사가 또 다른 감사를 불러오는 게 진짜 맞는 것 같았다.

페이스북 어디에선가 다음과 같은 이어령 교수의 글이 보였다.

"감사하는 마음, 그것은 자기 아닌 다른 사람을 향하는 감정이 아니라 자기 자신의 평화를 위하는 마음이다. 감사하는 행위, 그것은 벽에다 던지는 공처럼 언제나 자기 자신에게로 돌아온다."

그의 말은 정확했다. 문제를 밖이 아닌 나의 내부로 돌려 보는 눈이 바로 감사였다.

이렇게 억지로라도 감사를 하면서 마침내 100일을 채울 수 있었다. 시작할 때는 감사 거리 하나 찾는 게 그렇게 어려웠는데 드디어 100일을 채울 수 있었음이 놀라웠다. 이성적으로 분명히 감사가 맞음에도 가슴에 느낌이 없이 산다는 것도 진짜 불가사의였다.

이런 경험으로 내가 얻은 가장 큰 소득은 바로 나 자신과의 화해가 아

나를 가장 빛나게 만드는 사람은 나 자신뿐이다

니었을까? 100가지씩이나 되는 감사 제목들을 생각하면서 찾아 나가다 보니 내 먼 과거로 돌아가 비로소 감사하게 되는 일들도 있었다.

이 동안에 나의 감정에 더욱더 민감해진 것도 새로운 소득이었다. 순간마다 느끼는 좋은 감정을 놓치지 않겠다는 생각이 생긴 것이다. 아무리 실망스러운 상황에도 좋은 감정을 유지하는 데 최선을 다해보겠다는 결심이다.

처음에 아무것도 감사할 수 없을 때 그런 길로 인도한 것은 내가 찾아 읽을 수 있던 좋은 서적들이었다. 이것들은 내가 감사에 집중할 수 있도록 나를 도와주었다.

이 도전의 기간에 아무의 탓도 하지 않으려 주의를 많이 기울였다. 불평이나 힘든 것도 마음속에서 가라앉히고 호흡으로 내보내는 훈련을 했다. 이 100일간은 나에겐 신비로운 체험의 시간이었다. 그러면서 회복되는 일들이 일어나는 것을 발견할 수 있었다.

확실히 감사는 세상을 이기는 탁월한 방법이었다.

08

잠재의식에 인생의
해피엔딩을 설정하라

/

"당신이 바라는 것을 말할 때
그것을 가장 먼저 듣는 사람은 당신이다.
— 오프라 윈프리 (방송인)

현실 세계에서 좋은 씨앗 만들기

마음 공부를 하기로 했던 결심은 정말 탁월한 선택이었다. 전에는 마음공부란 것은 반기독교적이라고 생각했다. 내 안에 하나님 외에 다른 영을 허락하는 것이라는 편견에 사로잡혀 있었다.

일이 복잡하게 꼬여 돌아가던 때는 정말 머릿속이 어지럽고 마음이 끝없이 불편했지만 이제는 그 이유를 알기 때문에 접근을 완전히 다르게 할 수 있게 되었다.

나의 잠재의식은 온종일 쉬지 않고 활동을 하고 있다. 그리고 일단 받아들여진 것은 잊어버려진 것 하나 없이 나를 위해 일하고 있다. 이것을 깨닫게 된 나는 더는 불안해하거나 부정적인 말들을 사용하지 않는다. 그런 말들은 나의 입에서 미처 나오기도 전에 나의 무의식이 먼저 듣기 때문이다.

자신의 잠재의식이 자기에게 도움이 되도록 하는 방법은 바로 현재 의식을 이용하는 것이라고 한다. 어떤 소망하는 것이 있다면 현재 의식으로 그 모습을 그려낸다. 그것도 생생하게 그려보는 것이다. 그리고 그 일이 이루어졌을 때의 느낌과 신나는 기분을 느낌으로 담아본다.

예를 들어 벤츠 E 클래스를 갖고 싶다고 하자. 그러면 내가 가진 모든 정보를 이용해 원하는 차의 모습을 상상해보는 것이다. 가능한 한 세밀하게 그려본다. 원하는 색상, 시트의 컬러, 로고의 모습 등등. 바로 시각화이다. 만일 이때 그 차에 대한 느낌이 어렵다면 매장에 직접 찾아가 시승을 해보는 것도 좋은 방법이다. 느낌이 생생할수록 시각화가 쉽기 때문이다.

그리고 내가 그 차를 탈 때의 느낌도 함께 생각해본다. 차에 처음 타서 핸들에 닿는 느낌, 시동을 걸면 느껴지는 엔진의 움직임, 사람들 앞에 그

차를 몰고 들어갈 때의 기분, 또 자신을 바라보는 사람들에게서 느껴지는 시선들 등 가능한 모든 느낌을 상상해보는 게 좋다.

현실 세계에서 만들어진 이런 생각과 느낌은 바로 하나의 씨앗이 되어 나의 잠재의식으로 전달된다. 그러면 그 씨앗은 내 안에서 싹을 틔우고 자라나게 된다.

잠자기 직전이나 직후와 같이 의식이 느슨해지는 시간, 현실 의식이 잠재의식으로 넘어가는 그 몇 분 동안 그것들을 상상하게 되면 자연스레 그 씨앗의 이동이 일어나게 되고 잠자는 시간 동안 잠재의식은 그 씨앗들의 성장을 위해 쉬지 않고 일을 하게 되는 것이다.

『잠재의식의 힘』을 쓴 조셉 머피에 의하면 사람의 미래는 바로 지금 우리의 마음 안에 있다고 한다. 그리고 그것은 우리 자신의 습관적인 사고와 신념에 의해 결정된다고 말한다. 그래서 우리의 미래가 눈부신 것이라고 믿고 그런 최고의 모습을 기대하면, 반드시 그런 일이 우리에게 일어날 수 있다고 단언하고 있다.

잠재의식은 어떤 생각이든 받아들이자마자 곧 그 생각을 실행한다. 그리고 지금까지 내가 모은 온갖 정보를 이용해서 생각과 결합함으로써 작동하여 실현하게 만든다. 또 한편으로는 무한한 힘과 에너지, 즉 나의 내

나를 가장 빛나게 만드는 사람은 나 자신뿐이다

면에 있는 지혜를 끌어당기는 자연의 법칙을 남김없이 동원하는 것이다.

그렇게 일한 결과는 즉시 나타날 수도 있고 때로는 며칠, 몇 주일씩 아니면 더 오랫동안 지체되기도 한다. 그런 잠재의식의 작동 방식은 도저히 헤아릴 수 없는 미스터리에 속해 있는 것이다.

의식에 대한 이러한 이해가 전혀 없던 과거엔 어떤 마음에 걸리는 일이 생기면 밤새 고민을 하느라고 잠을 설치던 때가 많았다. 또 분노로 인해 밤새 문자메시지를 보내며 밤을 꼬박 새운 일도 있었다. 그렇게 오랜 시간을 부정적인 의지를 심고 또 키웠다. 이것은 내 안에서 그야말로 쉬지 않고 좋지 않은 일을 만드는 일이었다. 이 모든 것이 의식 세계들의 작용에 대해 전혀 무지했던 행위들이었다. 그 결과는 나중에 최악의 시나리오대로 분명히 그대로 이루어졌다.

비록 적지 않은 일들이 나의 우매함으로 일어나게 되었지만, 그 일은 나중에 오히려 의식 전환의 좋은 기회가 되었다. 이 일로 비로소 잠재의식에 대하여 알게 되었고 그의 기능에 대해서도 배우게 되었다. 지금은 상상화와 명상도 하면서 나 자신과의 대화도 나누고 있다.

내가 하는 어떤 말도, 내가 품는 어떤 작은 생각도 먼저 인지해버리는 잠재의식을 생각해 부정적인 말들을 그만두었다. 잠자는 시간엔 건강한 주파수의 음악을 조용하게 흘려보낸다. 전엔 자주 폭발하던 성격도 잔잔해졌음을 느끼고 있다.

좋은 느낌들이 중요하다

린 그라본은 『여기가 끝이 아니다』에서 '느낌의 법칙'을 설명하고 있다. 그는 긍정적 생각과 간절한 믿음이 자신의 삶을 강력하게 만드는 힘의 원천이 된다며, 생각과 느낌에 따라 우리의 삶이 어떻게 만들어지는가에 대해 오랫동안 연구해왔다.

여기서 우리의 잠재의식에 생생하게 생각을 전달하는 방식 중에 가장 좋은 방법은 바로 '느낌'이다. 그 이유는 바로 우리가 느끼는 대로 내면의 에너지를 발산하고, 또 그 에너지 그대로를 끌어들이기 때문이다. 우리가 '긍정적 에너지'를 발산하면 '행복, 성취, 평화' 등을 끌어들이게 되고, '부정적 에너지'를 발산하면 '불행, 실패, 두려움' 등을 끌어들이게 되는 것이다.

여기서 '좋은 에너지'는 내가 원하는 모든 것을 현실로 이루어주는 것들이다. 이렇게 느낌이 사람에게 주는 힘은 대단하다. 좋은 느낌이 나의 좋은 현실을 끌어들이고, 내가 만들어내는 느낌에 따라 나의 세상은 달라지는 것이다.

따라서 내가 잠자리에 들면서 좋은 느낌으로 들어가는 것은 아주 신비로운 의식이다. 잠재의식이 사용하는 어떤 정보보다 이 느낌을 통해 끌어오는 게 가장 강력함을 린 그라본의 연구에서 보여주고 있는 것이다.

우리가 현실 의식에서 상상화를 할 때 얼마나 강력한 느낌을 불러올 수 있느냐는 너무도 중요하다. 보통 생각에 감정을 넣으면 훨씬 더 선명해지기 때문이다.

내가 원하는 삶은 나의 상상력에 달렸다. 나의 어떤 노력도 아닌 바로 상상이다. 원하는 모습들을 선명하게 그리기만 하면 되는 일이다. 이제는 부정적인 자존감이나 열등감에 빠질 필요 없이 내가 원하는 모습들을 그려내는 것이다. 그리고 우리가 평안히 잠자는 시간에 성취의 느낌을 함께 잠재의식에 전달만 하면 된다.

이렇게 만들어지는 나의 모습들은 나를 가장 빛나게 만들어줄 것이다.

나를 가장 빛나게 만드는 사람은 나 자신뿐이다

지금 내가 어떻게 생각하느냐가 바로
나의 미래에 나타날 모습이다.

225

5장

나를 가장 빛나게 만드는
사람은 나 자신뿐이다

나를 가장 빛나게 만드는 사람은
나 자신뿐이다

/

"세상의 중요한 업적 중 대부분은,
희망이 보이지 않는 상황에서도 끊임없이 도전한 사람들이 이룬 것이다."
— 데일 카네기 (작가, 강연가)

나의 가치를 인정하라

타인의 기대나 세상의 기준에 맞춰 계속 살아온 사람들은 자신의 기준대로 삶의 방향을 찾는 일이 쉽지 않다. 그리고 사람들 스스로가 자신을 찾아 대면하게 되는 기회도 별로 없을 것이다. 그 이유는 보통 사람들의 경우 이런 필요 자체를 잘 인지하지 못하기 때문이다. 이런 사람들이 자신을 만나게 되는 일은 언제 일어나게 될까?

일단 사람들은 자신의 주변의 상황이 별로 좋지 않게 되면 우선 긴장을 한다. 자신의 내부에서 발동되는 경계 경보 때문이다. 그리고 인식된 문제에 대해 불안이나 염려, 걱정 등의 감정을 느끼게 되고 그런 감정의 강도에 따라 다른 사람이나 환경에 대해 다양한 반응을 보이는 것이다.

그렇지만 이렇게 어려움으로 인한 공황이 올 때 가장 먼저 생각할 점은 일단 모든 반응을 멈추는 일이다. 호흡을 깊게 하면서 자신의 상태를 가라앉힘이 필요하다. 누구에게 책임을 묻기 전에 자신의 불안한 감정을 먼저 알아차릴 수 있어야 한다.

이렇게 닥친 문제를 극복하려는 자각이 있게 되면 내 안의 잠재의식 시스템은 그에 대한 대책을 찾기 위해 모든 정보를 검색하고 또 필요한 모든 자원을 가동하기 시작한다. 그러면서 생각을 점검하고 교정하는 과정을 통해 삶에 해가 되는 방해물들을 제거할 수가 있다.

이런 때 한 가지 중요한 사실은 감정과 느낌도 함께 긍정적으로 회복해야 함이다. 긍정적인 마음이 되면 인지와 행동을 활성화해 어떤 상황에도 다양한 긍정적 해결 방안을 찾아내기가 훨씬 쉬워진다.

그뿐만 아니라 오히려 더 큰 가능성에 도전하는 힘도 생기게 된다. 이때 나를 자각하기 위해서는 나의 감각과 경험도 알아차리도록 집중하는 게 필요하다. 감각과 경험이 바뀌게 되면 그때부터 내게 진정한 변화가 일어날 것이다.

나를 가장 빛나게 만드는 사람은 나 자신뿐이다

이런 노력 중에도 내 안에는 슬그머니 깊은 곳에서부터 올라오는 불안 감들이 있을 것이다. 만약 진정 나답게 살고자 한다면 이런 불안들로부터 달아날 필요가 없다. 당연히 직면해 부딪혀내는 게 필요하다. 과도한 불안이 삶에 방해가 될 때는 스스로 응급처방도 할 수 있어야 한다.

지금, 이 순간을 충분히 느끼고 긍정하며 진정한 나를 표현하다 보면 나도 모르게 내면화된 불안과 부정적인 생각을 자연히 덜어낼 수 있게 된다. 이러한 과정을 겪으면서 비로소 발견하게 되는 나다움은 새로운 긍정적 환경으로 이끌게 된다. 그래서 어려움을 만나 정말 두렵다가도 이렇게 마음을 열고 깨어 관찰하다 보면 그러한 두려움들이 스스로 가라 앉는 것을 느낄 수가 있다.

그래서 스스로한테 솔직해지는 것이 중요하다. 보통 문제를 만나면 당황해서 먼저 남의 의견을 구하는 수가 많지만, 무엇보다도 중요한 것은 나 스스로와 솔직한 대화를 나누는 것이다.

절대 자신의 잠재의식을 속일 수는 없다. 내가 현재 의식에서 느끼는 감정을 통해 나의 잠재의식은 이미 모든 정보를 받았기 때문에 어떤 말을 한다 해도 그게 솔직하지 못하면 해결책이 나올 수 없다. 차라리 솔직히 모든 감정을 내어놓고 인정한다면 확실히 더 좋은 길로 가는 방법들이 나도 모르는 사이에 제시될 것이다. 그게 진정한 나다움의 길로 가는 것이다.

참된 나를 대면하기

『감정, 멈추고 들여다보기』의 저자 유영희 씨는 감정 조절이 어려운 사람을 돕는 '감정 코치'이다. 그녀는 지금은 기업으로부터도 부름을 받는 뛰어난 강사이다. 그녀는 원래 대학에서 수학을 전공하고 졸업 후 수학 과목을 20년간 아이들에게 가르쳤다.

그 오랜 시간 아이들을 가르치면서 받은 상처들과 사춘기에 있는 자기 아이들 때문에 속으로 감정이 많이 상해 있었다. 그녀는 집에서나 밖에서 감정 조절이 아주 어려웠다고 회상하고 있다.

그런 그녀가 우연히 감정 조절에 관한 책을 쓰게 되었다. 그녀의 사정을 너무나 잘 알고 있는 그의 멘토는 감정을 피해가지 말고 정면으로 부딪쳐 그 상한 감정을 책으로 써볼 것을 권한 것이다.

그렇지만 그녀는 그 책을 쓸 수 없었다. 그 깊은 상처를 모두 글로 풀어내기에는 너무 고통스러웠다. 멘토의 강권 때문에 마지 못해 다시 글을 쓰면서도 터져 나오는 눈물들을 피할 수 없었다. 그만큼 마음 깊은 곳에서 그의 마음이 상해 있었다.

나를 가장 빛나게 만드는 사람은 나 자신뿐이다

유영희 작가는 책을 써 내려가는 동안에 자기 감정의 상태를 마침내 깨닫게 되었다. 자기의 내면을 상대하게 되기 전까지는 어디에서 그런 문제가 비롯되었는지 자신도 이해하지 못하고 있었다.

도저히 끝마칠 수 없을 것으로 생각했던 그 책을 다 쓰고 난 그녀는 완전히 다른 사람으로 변하게 되었다. 더는 상처 가운데 20년씩이나 아이들을 가르치던 예전의 교사가 아니었다.

자신의 문제를 깨닫고 나면서 비로소 상함에서 벗어나게 된 그 경험으로 지금은 같은 고통을 겪고 있는 많은 사람에게 큰 도움을 주는 코치로 거듭나게 되었다. 그때까지 그녀는 자신의 가치를 모르고 있었다.

필자 자신도 지금껏 살면서 힘들게 느껴지던 때가 참 많이 있었다. 어떤 일을 당하면 당장 느껴지는 건 우선 나 자신의 무능력함이었다. 닥친 일도 일이지만 그것을 어떻게 헤쳐나가야 하느냐는 암담함으로 눈앞이 캄캄해지곤 했었다.

그렇지만 이 모든 것으로부터 지금까지 살아남았다. 지내놓고 보니 대부분은 이전보다 형편이 더 좋아지게 되었다. 어떻게 보면 우리가 만나는 어려움은 일종의 테스트처럼 생각된다. 그 테스트만 통과하면 한 단계 높은 다른 세상으로 나가는 것이다. 즉, 인생의 또 다른 장을 써나가는 기회가 되는 것이다.

전에는 내가 갖고 있던 것을 잃게 되면 당장 어떻게 될 줄 알았다. 그런데 얼마 지나지 않아서 힘들었던 지난 일은 어느새 기억도 안 나는 게 정말 이상할 때가 많았다.

나중에 돌아보면서 발견하게 된 사실은 이런 어려웠던 일들은 바로 나의 실체를 확인하는 절차였다는 것이다. 다시 말해 나 자신을 확인하는 과정이었다. 그리고 지금까지 젖어 있던 환경에서 벗어나 한 차원 높은 세계로 옮겨가기 위한 작업이다. 이런 절차를 통해 사람들은 업그레이드되는 것이다.

진정한 나다움은 자신의 모습을 찾는 일이다. 작더라도 매일의 일상에서 내가 잘한 점들을 찾아내어 스스로 인정해주는 게 필요하다.

"정말 잘했다. 대니! 수고했어. 이젠 더 멋진 일이 있게 될 거야."

자신을 돌아보면 하루에 행하는 10가지 중 대부분은 우리 자신이 자랑스러울 만큼 잘하고 있는 게 맞다. 이전에는 그것을 미처 인지하지 못했지만 이젠 자신의 가치를 깨달아 스스로 가치를 인정해주는 것이다.

나를 가장 빛나게 만드는 사람은 나 자신뿐이다

따라서 지금까지는 남에게서 받는 인정이 중요했지만 이젠 더는 그런 게 필요 없다. 남 보기에 좋은 성공을 추구하는 것이 아니라 내 안의 만족감에 더 큰 가치가 있기 때문이다. 바로 나를 가장 빛나게 만드는 사람은 나 자신이다.

02

내가 되고 싶은 모습에 집중하라

/

"자신이 성공하는 내면의 그림을 마음속에 명확히 각인시켜라.
이 그림을 끈질기게 간직하고 결코 희미해지도록 내버려 두지 마라."
– 노먼 빈센트 필 (목사)

나의 버킷리스트

얼마 전에 〈한책협〉의 작가들과 함께 『버킷리스트 24』를 공저로 발간한 적이 있다. 이 책은 글쓰기를 함께 공부하는 작가들이 자신들이 소망하는 인생의 멋진 꿈들을 함께 나눠본 것이다. 나도 요청을 받고 곰곰이 생각하다가 5가지를 정리해봤다.

한국에 있는 나의 동기들은 대부분 이미 은퇴했지만, 미국에서 사는 나로서는 굳이 그런 정년을 생각할 필요가 없는 융통성을 발휘해볼 수 있는 이점이 있다.

다음은 출판된 책에 실린 나의 버킷리스트 5가지이다. 난 이런 제목들만 봐도 가슴이 몹시 설렌다.

내가 살아온 삶이 누군가에게 희망이 될 수 있다면

1. 미국 내에 $10M 보험 에이전시 만들기
2. 매달 한 권의 책을 써내는 인기 도서 작가 되기
3. 한국 방송에 출연하여 삶을 나누기
4. 10만 구독자의 블로그 운영하기
5. 세계여행의 꿈 달성하기

올해는 내가 미국으로 이주한 지 19년이 되는 해이다. 40대 후반에 미국에 도착해 내가 18년간 한 일은 보험업이다. 내가 대학과 대학원에서 공부하고 15년 넘게 경력을 쌓았던 일들은 태평양을 건너오던 비행기에서 모두 잊었다. 그리고 생면부지의 땅에서 새로운 경력을 가진 모습으로 지난 시간을 살아왔다.

이제 내게 남아 있는 시간 동안 경력에서 진정 목표로 하는 것은 팀을

5장_나를 가장 빛나게 만드는 사람은 나 자신뿐이다

통해 원하는 규모의 성취를 이루는 것이다. 그를 위해 모든 에너지를 집중하는 중이다. 지금까지 오는 도중에 궤도 수정을 몇 번 해야 했지만, 이 또한 나의 원래 트랙으로의 궤도를 맞추는 작업이었을 뿐이다.

내가 평소에 읽기 좋아하는 책들은 문학집이 아니다. 물론 서정적인 감동을 마다하는 건 아니지만 난 좀 더 자극적인 걸 선호한다. 내가 책 쓰기에 일찍 도전하지 못했던 이유는 바로 나의 필력으로는 문학적 수준의 수려한 책을 쓸 수 있을 것 같지 않아서였다. 사실 내가 즐겨 읽었던 책들은 수려한 문학적 책들이 아니라 나를 도전하게 만드는 내용을 담은 책들이었다.

나에게 책 쓰기를 코치한 〈한책협〉의 김태광 대표 코치는 그런 편견을 깨주었다. 그래서 마침내 책 쓰기 시작한 지 불과 두어 달 만에 책을 쓰고 출간까지 하게 되는 꿈의 성취를 볼 수 있었다. 더욱이 올해의 코로나19의 상황으로 집에서 일하는 동안 좀 더 생산적인 방향을 찾던 나에게 그야말로 안성맞춤이 되었다.

나는 상상을 즐겨한다. TED나 〈세바시〉를 즐겨 보면서 쉬 감정이입이 되고는 한다. 내가 만약에 저 무대에 있다면 기분이 어떨까? 누가 나의 살아온 이야기 한마디에 희망이라는 걸 느끼는 사람이 있다고 한다면

나를 가장 빛나게 만드는 사람은 나 자신뿐이다

나의 기분은 과연 어떨까? 과연 내가 살아온 삶이 그럴 만한 가치가 있는 걸까? 물론 나와 내 가족에겐 충분한 가치가 있었겠지만 그게 다른 사람들에게는 어떻게 나타날 수 있을까?

내가 아는 나에겐 선동가적 기질이 조금은 있는 것 같다. 내가 믿는 바를 쉽게 상대방에게 전파하는 그런 힘을 느끼기도 한다. 논리적인 면이 아닌 열정으로 하는 전달이 내겐 훨씬 쉽다. 나의 남은 삶에 그런 기회가 있다면 나는 정말 행복할 것 같다.

뉴질랜드와 미국에서 살면서 처음부터 해보고 싶었던 건 유명 블로거였다. 요즘 같은 인터넷 시대에 공간을 뛰어넘어 세상과 마주할 수 있는 툴이 바로 블로그라고 생각했다. 4개국에서 살아본 경험과 나만이 가진 삶을 통한 콘텐츠를 나누는 모습은 생각만 해도 짜릿하다. 따라서 지금도 그것을 향해 준비하고 있다.

미국에 사는 동안 내가 취미로 가장 즐겼던 것은 바로 미국의 도로 여행이었다. 모두가 힘들어하는 보험업을 잘 선택했다는 확신을 주는 이유 중의 하나는 바로 여행의 기회였다. 수많은 여행을 하면서도 업무에 차질이 없었음은 얼마나 감사한 일이었는지 모른다.

지금까지 다녔던 미국 국내 도로 여행을 열거해보면 다음과 같다.

미국 도로 여행

1. 콜로라도 덴버로부터 유타 솔트레이크를 거쳐 옐로스톤을 돌아 다시 덴버의 로키까지

2. 워싱턴 DC에서 메인주로 올라가 캐나다의 노바스코샤를 거쳐 퀘벡, 몬트리올, 오타와를 돌아 DC로 귀환

3. DC에서 동쪽 맨 남단 플로리다의 키웨스트를 돌아 뉴올리언스를 거쳐 DC까지

4. DC에서 시카고로 올라가 미국의 첫 하이웨이인 R 66번을 타고 캘리포니아의 산타모니카 종점까지 내려갔다가 라스베이거스, 덴버를 거쳐 다시 DC까지의 대륙 횡단

5. 미국 오대호를 모두 돌아 캐나다의 토론토를 거쳐 뉴욕을 통해 DC까지

6. DC를 출발해 시카고 북부의 캐나다 국경을 넘어 밴프까지 왕복 횡단 여행

7. 하와이 마우이섬의 하나(Hana) 고속도로를 따라 섬 전체의
   일주 여행
8. 서부 워싱턴 시애틀에서부터 101 해안도로를 타고 캘리포
   니아의 LA, 샌디에고까지의 종주 여행

이외에도 수많은 곳을 다녔지만 사실 미국은 그야말로 여행의 천국이
다. 어디를 가든지 친절하고 안전하며 깨끗하다. 그뿐만 아니라 여행 중
에 만나는 곳마다 다양한 모습이 여행객을 흥분케 한다.

아직 알래스카로의 여행의 기회가 없었는데 그게 바로 다음 여행의 버
킷리스트 항목이 되지 않을까 싶다. 다음으로는 유럽을 돌고 싶은 희망
이 있다. 제일 먼저 가보고 싶은 곳은 북구의 나라들이다. 협만을 보게
되면 아마도 그곳에서 뉴질랜드에서와 같은 천국의 모델을 다시 볼 수
있을 것 같다.

그리고 나서는 동구의 나라들을 돌아보고 싶다. 분위기 있는 곳에서
음악, 맥주, 와인, 커피를 나누면서 그들의 역사 이야기를 들어보고 싶
다. 그리고 나면 아마 남미로 가지 않을까.

5장_나를 가장 빛나게 만드는 사람은 나 자신뿐이다

나는 여행의 목적지가 중요하지 않다. 나의 여행은 바로 집 밖을 나가면서부터 시작된다. 그리고 길 위에서 만나는 모든 것들이 내가 보고 싶은 것들이기 때문이다.

나는 아직 은퇴를 생각하지 않는다. 나의 남은 삶은 내가 지금 가슴에 담고 있는 꿈의 리스트대로 진행될 것이다. 내가 지금 하는 현업을 힘이 닿는 날까지 즐겨보고 싶다. 일이 아닌 성취를 이루는 그 짜릿함을 느껴보고 싶기 때문이다.

아직도 많은 이야기를 나의 가슴에서 꺼내 책에 담고 싶다. 그리고 가능한 많은 사람들과 이야기도 해보고 싶고 아직 밟아보지 못한 세상의 모습들로부터 하나님을 만나보고 싶다.

아직은 그림자에 불과하겠지만 이렇게라도 천국의 느낌들을 알아가고 싶은 것이다.

나를 가장 빛나게 만드는 사람은 나 자신뿐이다

03

이루고 싶은 목표가 있으면
나 자신과 경쟁하라

/

"이 세상에서 열정 없이 이루어진 위대한 것은 없다."
– 게오르크 빌헬름(철학자)

경쟁하는 사회

시기심과 질투가 모여 경쟁을 벌이는 곳이 바로 사회다. 특히 일터는 그런 갈등들이 넘쳐난다. 직장에서 느끼는 경쟁은 내가 남과 비교되어 자신의 자존심이 위협받을 때 가장 잘 드러난다.

특히 한국과 같은 지연이나 학연이 중요한 요소일 때 그런 현상은 더욱 뚜렷하다. 필자는 거의 외톨이로 직장생활을 하는 경우가 많아 그런 것들을 뼈저리게 느끼곤 했다.

5장_나를 가장 빛나게 만드는 사람은 나 자신뿐이다

생각해보면 사람이란 존재는 자기애가 매우 강하다. 나 자신이 가장 중요한 것이다. 만약 남이 나를 피곤하게 하면 그 잘못은 항상 남에게 있다고 생각한다. 어떤 일이 생기면 그건 상대방의 성격이나 상태가 안 좋아서 생긴 것으로 편하게 간주해버린다. 따라서 내가 남을 피곤하게 하는 일은 당연히 있을 수가 없다.

한편, 남들은 나의 모든 일에 대해서 그 사정과 형편을 당연히 이해해주어야 한다고 기대한다. 그렇지만 내가 타인을 군이 이해할 생각은 하지 않는다. 이런 자기 위주의 생각은 쉽게 바뀌지 않는다. 남의 처지가 아니라 내 관점에서 생각하는 게 훨씬 편하기 때문이다. 나한테 문제가 있을 가능성 따위는 생각하기도 싫다. 문제가 발생하면 항상 내가 아닌 남의 문제로 치부해야 부담이 없다.

필자가 일하던 첫 직장에서는 나름 성취가 많았다. 크고 작은 여러 프로젝트를 수행한 경험도 있었고 신설 공장의 안정화에도 많은 이바지를 할 수 있었다. 남들보다 해외연수의 기회도 많았고 대학원 진학의 기회도 얻었다. 공정 개선의 노력으로 자체 프로세스를 획기적으로 단축하게 하는 특허를 취득하기도 해 포상을 받기도 했다. 그렇지만 늘 뭔가 불편했다. 가뜩이나 사람들의 눈치가 편치 않은 나는 늘 뒤통수가 근질거렸다. 심지어 어느 날엔 입사 선배가 불러내 여과 없는 시비를 걸기도 했

나를 가장 빛나게 만드는 사람은 나 자신뿐이다

다. 이런 문화가 싫어 미국 회사로 옮기기도 했다.

이렇게 심한 경쟁을 느낄 때 이를 극복하려면 결국 나 스스로가 자신을 얼마나 인정하고 존중하는지 깨닫는 게 필요하다. 불필요한 경쟁에 휘말린 채 매달려 인생을 낭비하기보다는 내 자존감을 높이는 것이 더 효율적인 방법이다.

나 자신과 경쟁하는 자가 진정한 승리자다

경쟁의 상대는 늘 자신의 밖에 있다고 생각한다. 그러다 보니 늘 누군가와의 비교를 피할 수가 없다. 따라서 위와 같은 자신 위주의 생각은 모두 남을 의식하는 데서 오는 것들이다. 이런 비교를 통한 경쟁심으로는 가치 있는 목표를 달성하기 힘든 법이다.

모름지기 참된 경쟁은 자기 자신과 할 때 참된 가치가 있을 것이다. 경쟁은 누군가가 이기면 다른 누군가는 지게 되는 제로섬 게임이다. 차라리 누군가와 경쟁하기보다는 자신 스스로와 경쟁하는 게 더 바람직하다. 그래야 직장생활도 편안해진다. 그리고 한 차원 높은 도약도 할 수 있게 된다. 동료나 기타 누군가와 경쟁하는 것은 상당한 스트레스를 유발할 뿐 아니라 멀리 보면 참으로 무의미한 일이기 때문이다.

인생의 최종 목표는 많은 시간과 노력을 투자해야만 달성할 수 있지만, 너무 목표 자체가 높으면 도중에 낙담하고 포기하게 되는 경우도 많다. 이루고 싶은 큰 목표가 있어도 어디에서부터 시작해야 하는지 혼란스러울 수도 있다. 어쩌면 이미 목표를 이루기 위해 노력을 해오고 있지만 계속해서 의지를 유지하는 것이 힘들 수도 있다.

구본형 작가는 자신의 과거와 경쟁할 것을 주문하면서 다른 사람과의 경쟁은 언제나 우리를 불편하게 하지만 자신의 과거와 경쟁하는 것은 적을 만들지 않고 스스로 나아지는 방식이라고 설명했다.

남이 아닌 바로 어제의 나를 상대로 삼아 뛰어넘는 노력을 한다면 반드시 더 큰 성장의 기회가 될 것이다. 이렇게 어제보다 더 나은 자신이 되겠다는 노력을 하다 보면 다른 사람과의 경쟁에서도 자연히 이기는 결과를 낳을 수가 있을 것이다.

그러므로 우리는 근시안적 직장생활에서 벗어나는 게 필요하다. 눈앞에 있는 이익을 좇기보다는 보다 멀리 보고 뛰어야 한다. 그래야 진정으로 가치 있는 것 그리고 의미있는 목표를 이루어갈 수 있다. 조직 내의 동료와의 경쟁에 올인하기보다는 보이지 않는 나만의 인생의 가치를 달성해갈 수 있는 접근법이 바람직하다. 그러기 위해서는 남이 아닌 자신과의 경쟁에서 이겨내야 한다.

남과 비교하고 서열을 정하기 위해 경쟁을 '외재화'한 사회일수록 행복
은 모두의 것이 될 수 없다. 이런 사회에서 패자는 사회적 낙오자가 돼
승자를 원망하며, 결국 남의 것을 빼앗아야 행복할 수 있다고 믿게 된다.
하지만 자기 자신과 경쟁하는 성숙한 사회에서 패자는 성찰을 통해 자신
의 부족함을 원인으로 돌리고 남을 부러워하지 않는다.

발레리나 강수진 씨는 『나는 내일을 기다리지 않는다』에서 다음과 같
이 말하고 있다.

"나의 유일한 경쟁자는 어제의 나다. 눈을 뜨면 어제 살았던 삶보다 더
가슴 벅차고 열정적인 하루를 살려고 노력한다. 연습실에 들어서며 어제
한 연습보다 더 강도 높은 연습을 한 번, 1분이라도 더 하기로 마음먹는
다."

그에게는 어제를 넘어선 오늘을 사는 것, 이것이 그녀 삶의 좌우명이
다. 자기 스스로와 경쟁하는 자에게는 굳이 다른 사람을 시기할 시간도,
다른 사람과 비교해서 실망에 빠지거나 자책할 시간도 없는 것이다. 남
이 아닌 어제의 자신과 경쟁할 때 승자와 패자가 나뉘지 않고, 모두가 행

복한 성공의 길로 들어설 수 있다.

따지고 보면 비록 남과의 경쟁에서 이긴다고 하더라도 자신을 넘어서지 않고는 진정한 성공을 했다고 말할 수 없을 것이다. 어릴 때 헌책방에서 과학 문제집을 한 권 산 적이 있었다. 그런데 중간고사에 그 책의 문제가 왕창 출제된 적이 있었다. 나는 돈이 없어 헌책을 샀는데 아무도 안 보던 그 오래된 참고서에서 문제가 베껴져 나온 것이다. 내 성적은 당연히 좋았지만, 기분은 별로 좋지 않았다. 진정한 내 실력이 아니었기 때문이다.

자신과의 싸움은 끊임없는 극기와 인내, 노력으로 빛을 발할 수가 있다. 진정한 발전은 나와의 약속이나 신념을 지켜내는 것이 전제되어야 한다. 운이 좋아 일시적으로 이기는 승리는 결코 경쟁이 끝나지 않을 것이며 끝없이 다른 상대를 안고 가야 하는 힘든 일이다. 그렇지만 자신과의 약속 때문에 이루는 성취들은 결코 그 만족감과 즐거움을 잃지 않을 것이다.

어제보다 더 나아진 자신을 보는 것은 더 좋은 자화상을 그리는 일인 것이다.

04

남이 아닌 나에게
좋은 사람으로 세상을 살아라

/

"작은 승리에서 오는 기쁨이 안정과 쾌락을 추구함으로써 얻는
재미보다 좋다는 것을 비로소 나는 깨닫게 되었다."
– 라와나 블랙웰 (소설가)

스스로 인정하고 칭찬해주기

우리는 남들에 대해서는 그들이 잘못한 9가지보다는 한 가지 잘한 점을 들어 칭찬하곤 한다. 속으로 그 상대를 어떻게 생각하든 상관없이 적어도 우리의 표현은 그렇다. 그러나 우리 자신에게는 어떤가?

다 잘하다가도 한 가지가 마음에 안 들면 세상이라도 무너진 듯 낙담하는 수가 있지 않은가. 남에게는 늘 관대하면서도 자신에 대해서는 엄격을 넘어 가혹하기까지하다.

남을 항상 응원하고 격려하고 있지만, 자신을 응원하는 일은 몹시 서툴기만 하다. 항상 나는 누구보다도 나은 게 없다고 생각하고 포기해버리는 게 다반사다. 그래서 혹시 누가 나에게 잘못이라고 말하면 그 진위를 따져보기도 전에 벌써 그 말을 인정해버리는 자신을 발견하게 된다.

필자도 책을 쓰기 시작하면서 주위의 호평보다는 어떤 비판이 있지 않을까에 더 신경을 쓰는 자신의 모습을 보게 된다. 책을 쓰는 작가들은 알 것이다. 스스로 생각해봐도 자신의 글 어딘가에 만족스럽지 못한 부분은 항상 있을 수밖에 없다. 이런 자신에게 혹시 모를 비평이 있으면 아마도 크나큰 수치심을 갖기가 쉽다. 그야말로 유리 같은 정신력이 되는 것이다.

그런데 돌이켜 생각해보면 내가 책을 쓰는 작가가 되었다는 사실은 정말 대단한 일이 아닐 수 없다. 세상 사람들이 돈을 들여 책을 사보기는 해도 자기가 책을 쓰는 사람은 정말 많지 않다. 자기 생각을 감추지 않고 밖으로 내보일 수 있는 사람은 진정 용감한 사람이다. 작가들이야말로 이런 용감한 사람들이 아닐 수 없다.

진정한 나다움은 자신의 자존감을 찾는 일이다. 그것을 위해서는 일상에서 비록 작더라도 나 자신이 잘한 점들을 찾아내어 자신을 인정해주는

나를 가장 빛나게 만드는 사람은 나 자신뿐이다

건 정말 중요하다. 이렇게 자존감이 조금씩 쌓이게 된다면 지금까지 남에게서 찾던 인정 따위는 더는 필요 없을 것이다. 바로 내 안의 만족감만으로도 충분한 가치를 볼 수 있게 되는 것이다.

설사 나 자신이 큰 잘못을 했다 하더라도, 지나가면 아무것도 아니라고, 괜찮다고, 그 정도면 잘한 것이라고 토닥토닥 자신을 두드려주는 일은 정말 귀한 일이다. 이런 여유나 분별력을 갖고 사는 일은 정말 멋진 일이 아닐 수 없다.

나는 아내에게서 많은 위로를 얻곤 한다. 세상이 다 나에게 등을 돌려도 내 아내는 여전히 내 편이다. "당신 잘못이 아녜요. 다 때가 되어서 그런 것뿐이에요. 이제 그때가 온 것뿐이에요. 세상이 다시 알아줄 때가 분명히 올 거예요."

생각이 있는 아내가 왜 나의 불찰을 모르겠는가? 그러나 그녀는 그게 전혀 도움이 안 되는 것을 아는 것이다. 그런 아내 덕분에 나는 다시 추스를 힘을 얻고는 한다. 만약 나 스스로가 나에게 이런 위로나 믿음을 줄 수 있다면 진정한 승리자가 되는 일이 머지않을 것이다.

'그 정도면 충분한 세상'

오프라 윈프리는 2017년 『피플』과의 인터뷰에서 사람이란 더 완벽해지거나 더 나은 사람이 되지 않아도 이미 소중하다고 말했다. '무엇을 해냈는가로 평가받지 않고' 자신의 있는 그대로의 모습만으로도 '그 정도면 충분한 세상'이 된다고 자기 생각을 피력했다.

여기서 말하는 '그 정도면 충분한 세상'은 바로 내가 나에게 들려주고 싶은 말이다. 그동안 쉼 없이 남에게 욕먹지 않고 살려고 했던 쓸데없는 완벽주의에 목을 매지 않아도 된다는 말이다. 이 표현에는 '실수와 결점을 허용해주는 용서가 가득하다.'

정서나 정신적으로 생기는 문제 대부분은 바로 낮은 자존감 때문이다. 자존감이 낮아지면 자신감도 없고, 인간관계나 일, 건강에 나쁜 영향을 끼칠 수가 있다. 따라서 낮아진 자존감을 찾으려면 어려웠던 과거의 문제들을 먼저 인정해야 한다.

그리고 그런 과거가 현재에 부정적 영향을 미치는 것을 거부할 수 있어야 한다. 과거로부터 치유하고 성장하는 데 필요하다. 그러기 위해서는 과거의 상처를 억누르지 말고 인정해야만 하는 것이다. 이때야 비로소 자유로워질 수 있다.

따라서 자신의 삶에서 방향을 찾기 가장 좋을 때는 바로 어떤 어려움이 자신에게 닥쳤을 때이다. 어떤 한계에 부딪혔을 때 사람의 능력은 비로소 나오는 것이다. 모든 것이 안정되어 있고 평안할 때는 그 능력이 나타날 기회가 없다.

어떤 어려운 상황이 나타날 때면 잠재력이 기지개를 켜고 활동할 기회를 맞는다. 정작 힘든 일이 닥치게 되면 당장은 힘들겠지만 결국 헤쳐나갈 사람은 나 자신임을 깨닫게 되고 거기서 비로소 문제를 해결해야 할 존재로서의 자신을 인정하게 된다.

『부자의 행동습관』의 저자 사이토 히토리는 사람의 마음속에 있는 '죄책감'을 풀어야 새롭게 시작할 수 있다고 한다. 그에 의하면 자신감이 없는 사람은 늘 '지는 습관'을 갖고 있기 때문이다. 필자도 보험사의 매니저로 일하면서 사람들을 관찰할 기회가 많이 있어 보게 되지만 이런 사람들은 어떻게 해도 의욕을 살리지를 못한다. 이길 의욕이 없는 것이다.

지는 습관을 지닌 사람들은 세상이나 스스로와의 약속을 지키지 못한 죄책감이 뭉쳐 있어 활동에 많은 제약이 따른다. 그런 사람들에게 가장 시급한 것은 바로 그 죄책감으로부터 풀어내주는 일이다. 따라서 사이토는 독자들에게 큰일보다는 작은 일을 목표로 하면서 조금씩 이기는 습관 쌓기를 권한다.

이는 우리 안에 있는 낮았던 자존감을 키우는 과정과 유사하다. 나 자신이 잘하고 있는 것을 찾아내어 인정해주게 되면 그것은 결국 자존감의 회복에까지 나아갈 수가 있게 되기 때문이다.

한편 사이토는 사람이 겪는 일 중에 실패는 없다고 말한다. 사람들이 가장 큰 죄책감을 가질 수 있는 큰 실패의 경우에서조차 무엇인가를 배울 수만 있다면 절대로 실패가 아니다. 이런 사고는 죄책감으로부터의 회복을 할 수 있는 좋은 기회가 될 수가 있다.

필자가 어려움을 겪고 있을 때 이 책을 읽으면서 가장 큰 위로가 되었던 부분은 사이토가 독자에게 해준 한마디, '이대로도 괜찮아.'였다. 그는 힘들더라도 매일 이 말을 읊조린다면 분명히 마음이 가벼워지고 일도 잘 풀릴 것임을 이야기해주고 있었다. 그 후로 이 말은 내가 자신에게 매일 해주는 말이 되었다.

"이대로도 괜찮아!"

위의 오프라 윈프리의 '그 정도면 충분한 세상'이라는 말과 사이토의 '이대로도 괜찮아'라는 말은 세상의 어떤 말보다도 위로가 되지 않는가? 우리가 눈으로 보는 모든 일은 실체가 아니다. 단지 우리의 감정에 빠져

보게 된 허상임을 깨닫는 게 무엇보다 필요하다.

　그러한 감정의 허상 뒤에 감추어진 힘들은 우리의 자존감만 조금 회복되면 엄청난 능력으로 나타나게 될 것이다. 그래서 오프라나 사이토는 세상에 대해 그 힘과 능력을 보도록, 그리고 마음을 놓고 다시 도전하도록 우리의 잠재의식을 격려하고 있어야 한다고 설명하고 있다.

그 누구보다 나 자신을 사랑하라

/

"비꼬는 것은 부드러운 말로도 하지 말고,
비웃음은 마귀에게도 보여주지 마라."
— 바첼 린지 (시인)

냉소적인 사람들 – 숀의 이야기

냉소적인 성격은 결국 자신이 그간 겪은 좌절들 때문에 생긴 것이다. 그런 사람의 주위에는 사람이 별로 없다. 어떨 때는 그런 성격이 정의롭게 보이기도 하지만 일반적으로는 편안하지 않은 감정이기 때문이다. 냉소적인 마음을 계속 갖고 살아가는 건 스스로에게도 불행한 일이다. 그런 사람은 반드시 누군가의 마음에 상처를 주게 된다.

필자도 어린 시절 그런 냉소적인 성격으로 자랐다. 말이 비수같이 날

카로워 사람들에게 상처를 많이 주었다. 늘 아슬아슬한 말로 특히 가까운 가족들에게 나도 모르는 사이에 힘든 시간을 주었다. 그런 말을 던지면 어떤 쾌감 같은 것을 느끼기도 했다. 그렇지만 듣는 이들은 이로 인해 오랫동안 상처를 안고 살아가야 하는 법이다. 지금 생각하면 참으로 부끄럽고 나의 어리석은 그런 냉소를 받아준 분들에게 미안할 뿐이다.

내가 매니저로 근무하던 첫 회사의 손(가명)은 상당히 복잡한 사람이었다. 대체로 보면 무난한 성격처럼 보였다. 그리고 매니저로서 내가 해주는 의견들에 잘 동의해주고 또 협조적이었다. 한 가지 좀 걸리는 부분이 있다면 그는 어떤 의견들에 대체로 동의하면서도 콧방귀를 뀌는 경우가 많았다. 나중에야 그게 그의 일상적인 습관이라는 것을 알게 되었다.

회의할 때 그는 의견을 잘 말하지 않았다. 그냥 늘 뒤에 앉아 뭔가 작은 소리로 중얼거리곤 했다. 예를 들면, "그게 되겠어?" 내가 무슨 뜻이냐고 물으면 그는 아무 뜻이 없다고 대답을 하고는 했지만, 전체 미팅에서 비치는 그의 이런 모습은 사람들에게 별로 좋지 않았음은 당연하다.

그의 생활은 늘 복잡했다. 들어보면 어릴 때 어머니를 잃고 외롭게 자랐고 지금의 결혼 생활도 평탄하지 않았다. 집안일과 회사 일이 늘 뒤죽박죽이었다.

그의 이런 성격 때문에 동료들과도 잘 어울리지 못해 친한 사람도 없었다. 매니저인 나하고 가끔 이야기를 나누는 게 전부 같았다. 결과적으로 그는 일 년쯤 다니다가 결국 업계를 떠나고 말았다. 개인적으로 아쉬움이 많이 들었던 직원이었다.

과거의 필자나 숀과 같은 냉소적인 사람은 자기 자신을 따뜻하게 맞아주는 법이 별로 없다. 남의 앞에 용기 있게 나서지를 못하고 항상 뒤에 앉아 구경꾼의 모습으로 사는 게 편하다. 한 번도 열정 있는 팀 플레이어가 되지를 못한다. 사람들의 주목을 받는 것도 불편하기 그지없다. 뒤에서 방관자가 되어 구경이나 하는 게 훨씬 편하기 때문이다. 이들에게 필요한 것은 자신 자신에게 좀 더 다가가 자신을 안아주고 인정해주는 일이다.

자신을 알아주기

신앙생활을 오랫동안 하면서도 난 하나님과 대화하는 법을 알지를 못했다. 그 긴 세월, 교회를 다녔으면서도 정작 제대로 대화하지를 못했다. 처음 교회에 출석하면서는 성경 교리나 성경 공부 클래스에 열심히 참석했다.

그때는 그게 내가 하나님에게 가까이 가는 방법이었다. 성경 공부는

나를 가장 빛나게 만드는 사람은 나 자신뿐이다

정말 재미있었다. 마치 마른 스펀지가 물을 빨아들이듯이 공부를 했다. 그래서 그때는 전도 중에 만나는 반대 의견에 대해서 상당히 대응할 능력이 있다고 자신만만했었다.

주위에 맴돌던 이단 전도팀들과도 자신 있게 붙어 싸우던 때도 있었다. 학교 수업 시간에 기독교를 폄훼하던 선생님에게도 명확하게 의견을 밝혀 제시하기도 했었다. 고3의 바쁜 때에도 일요일에 교회학교 반사를 빠진 적이 없었다. 그런 열정이 있어 군에 있을 때는 일반대 출신이면서도 부대의 군종으로 근무를 하기도 했다.

그러다 질문이 하나 생겼다. 믿음의 조상으로 언급된 구약의 많은 인물들이 하나님과 직접 대화한 건 성경 속에 고작 몇 번 밖에 기술되어 있지 않은데 어떻게 그들은 그 오랜 세월 충실하게 믿음을 지킬 수 있었을까? 요즘의 우리는 주에 몇 번씩이나 교회의 예배에 참석하고 어떨 때는 교회에서 살다시피 해도 깨어지지 않는 자아 때문에 힘들어하지 않는가.

어느 날은 조용히 기도하면서 하나님께 질문만 던졌다. 하나님, 구약의 다윗이 알던 하나님과 지금 나의 하나님은 다르신가요? 교회가 이렇게 많은데 왜 세상은 변하지 않나요? 지금 제 마음이 이렇게 아픈데 하나님은 아시는 거죠? 등.

5장_나를 가장 빛나게 만드는 사람은 나 자신뿐이다

전에는 QT를 해도 기계적으로 열심히 주석을 찾아 깨알같이 적어 넣고 간단한 기도를 적어 넣으면 끝이었다. 그러나 나의 기도가 바뀌면서부터는 가능한 한 여백이 많은 QT 교재를 골랐다. 그리고 여백에 계속 많은 질문을 던졌다.

그러던 언제부터인지 지나가는 바람처럼 운전 중에, 공부 중에 툭툭 던져지는 이상한 소리가 마음으로부터 들리기 시작했다. 무슨 소리지? 하다가도 그 내용에 너무 감동되었다. 그러다가 알게 되었다. 하나님께서 내게 자신을 보이시는 방법 같았다. 그렇게 들은 내용은 교회의 설교와 같지 않았다. 그 내용은 대체로 오랜 시간 내 안에 머무르곤 했다.

그때 비로소 한가지 깨닫게 되었다. 구약의 인물들이 하나님으로부터 직접 들은 몇 번의 말씀들은 평생 그들과 함께 있었다. 굳이 매주 교회에 나가 듣지 않아도 살아계신 하나님의 말씀이 그들 심령 깊이에 함께 하셨다. 그들에게 하나님은 관념이 아니었다.

세상에서 나 혼자라고 느꼈을 때도 같은 방법을 썼던 것 같다. 노트에 나의 감정들을 적으면서 나 자신에게 질문을 던지곤 했다. "대니, 너 지금 괜찮아? 속상하지? 그 사람이 네게 그럴 줄 몰랐지?" "괜찮아, 대니. 너무 잘하고 있어. 잘 참아낸 거야."

나를 가장 빛나게 만드는 사람은 나 자신뿐이다

억눌렸던 나의 감정들을 이렇게 지면 위에 표출하면서 내 안에 있던 묵은 감정들이 조금씩 지워져 내려가는 느낌을 받았다. 그런 느낌들을 SNS에 한가지씩 포스팅하면서 회복이 빨라지는 느낌을 받았다. 그리고 그 시끄럽던 마음이 지난 시간이나 사람들에 대해서 입을 다물기 시작했다. 그리고 마침내 조용해져버렸다.

나 자신에게 스스로 '이대로도 괜찮아. 충분히 잘했어!'라고 다독이는 건 정말 나를 따뜻하게 만들어주었다. 누구의 위로보다 강했다. 그리고 나 자신을 객관적으로 보게 되는 법을 깨닫게 되면서는 진짜 나 스스로가 괜찮아 보이기 시작했다.

자칫 입에서 튀어나오던 부정적, 냉소적이고 공격적인 말들이 긍정의 언어로 변화하기 시작한 것은 이때부터인 것 같다. 내가 이미 갖고 있거나 성취한 것들이 너무 많은 것도 알게 되었다. 비로소 나를 인정하는 법을 깨닫기 시작했다.

하루는 누가 나한테 말을 하나 전해주었다. 누군가가 나에 대해서 원색적인 욕을 한다는 것이었다. 내게 말을 전한 사람은 나에게 이를 시정시키라는 뜻인데도 내가 껄껄 웃고 있으니까 꽤 의아한 표정으로 바라보고 있었다.

이상하게도 그가 나한테 전달해준 험담은 나와 아무런 상관이 없다고 느껴져 내가 따로 할 일이 없다고 생각되었다. 누구든 험담이 들리면 그 험담하는 사람들을 먼저 살펴보면 얼마나 무가치한 사람들인지 알게 된다. 거기에 우리가 따로 할 일은 없는 것이다.

나 스스로와 솔직히 대화할 수만 있다면 나는 더는 문제아가 아니다. 억눌렸던 마음들이 밖으로 나와 빛을 보게 된다면 뒤틀렸던 세상은 제자리로 찾아갈 것이다. 그보다 좋은 회복이 없을 것이다.

06

나이가 들어도 행복한 사람이 되라

/

"성공이 행복의 열쇠가 아니라 행복이 성공의 열쇠다.
자신의 일을 진심으로 사랑하는 사람이라면 그는 이미 성공한 사람이다."
– 알베르트 슈바이처 (물리학자)

나의 지난 시간은 행복했을까?

지금껏 사는 동안 늘 내 마음 안에 있던 행동 코드는 '앞으로'였다. 그리고 생각해보면 나는 은근히 경쟁적이었다. 남한테 밀리지 않으려고 무던히 신경을 쓰면서 지냈다. 그 덕분인지 어디서든 크게 뒤지지 않고 살아왔다.

이제 내 나이는 은퇴를 고려해도 무난한 때가 되었다. 아이들이 다 자라 행복한 가정들을 이루고 사는 것만 생각해도 이 한 생의 큰 책임은 어느 정도 마친 것 같다. 아내랑 둘이 남은 집에서 앞으로 우리끼리 잘 살아가는 모습에 대해 종종 이야기를 나누곤 한다.

전에는 행복이란 것은 내가 원하는 돈이나 위치가 되어야 비로소 따라오는 줄 알았다. 갓 미국 이민을 와서 몇 개월씩 일을 못 하고 집에서 쉬고 있을 때는 마음이 참 곤궁했었다. 식구들과 식품점에 가서 장을 봐야할 때마다 마음이 초조했다.

언제 돈을 벌어 제대로 저 카트를 한번 가득 채워볼 수 있을까가 가장 큰 바람이었다. 과연 그런 날이 오기나 할까? 도대체 어떻게 이 시간을 잘 지나가게 할 수 있을까? 이런저런 생각들로 머리가 복잡했었다. 그런데 어느새 그랬던 시간이 모두 다 지나버렸다.

위와 같이 경제적으로 어려웠던 그때의 나는 정말 불행했었을까? 지금의 입장에서 돌이켜 생각해보면 그때도 난 충분히 행복할 수 있었다. 언제나 내 편인 가족이 함께 있었고 충분히 우리는 건강했고 남들이 그토록 오고 싶어 하는 미국 땅에 있었고 또 이 땅에서 마음 편히 살 수 있는 영주권까지도 우리 손에 있었다. 거기에다 지금보다는 20년이나 젊었다.

그런데 그때는 왜 그리 암울했을까? 나로서는 가장의 책임이란 게 가장 무거웠다. 그렇다고 짐이라고 생각되어 벗어버리고 싶은 것은 아니었

나를 가장 빛나게 만드는 사람은 나 자신뿐이다

다. 그건 으레 내 삶의 한 부분이라고만 생각했다. 그렇지만 가장으로서의 책임감이 내 안에 있었기 때문에 지금까지 살아오는 모든 길이 열렸다고 믿는다.

이제 내게 남은 시간 동안 내가 생각하는 코드는 '행복'이다. 이런 생각은 자칫 지금껏 내가 익숙했던 경쟁 코드에서 볼 때 큰 전환을 의미한다. 나는 아직 지금 내가 하는 보험 일을 그만두고 싶지 않다. 여전히 많은 재미가 있고 경제적으로도 큰 도움이 될 것이기 때문이다. 일의 특성상 숫자를 좇다 보면 여전히 경쟁 코드를 멀리할 수는 없을 것이다.

그러나 전에는 내가 미처 갖지 못한 것을 추구하는 삶이었다면 이제는 가진 것을 즐기는 삶으로 바꾸면 되는 것이다. 올해 코로나 19 사태로 인해서 내게 일어난 가장 큰 변화는 나만의 '동굴'이 생긴 것이다. 지금 사는 집의 맨 아래층을 나의 서재로 만들었다.

아이들이 결혼해서 떠나고 난 뒤 아내와 나는 거실에서 주로 생활했다. 이때 나는 아내만 혼자 놔두고 식탁에서 혼자 무언가 한다는 것이 너무 미안했다. 거실에서 혼자 책 읽는 것까지도 신경이 쓰였다. 마치 아내도 혼자 외로울 텐데 그냥 방치하는 듯한 느낌이 들었던 것이다.

나만의 동굴 만들기

그러다 어느 날 아내에게 물었다. 아래층이 모두 비어 있는데 그곳을 뭔가 편안한 공간으로 만들면 어떻겠느냐는 의견을 냈다. 아내는 대환영이었다. 깔끔함을 좋아하는 아내에게는 내가 그렇게까지 신경을 써 집을 정돈해주는 게 좋았을 것이다. 더 나아가 내가 거기서 거하면서 이런저런 취미생활을 하고 싶다는 의견에도 아내는 찬성해주었다.

난 그곳을 완벽한 나의 공간으로 탈바꿈시켰다. 간단하면서도 깔끔한 책상을 들여오고 무선 스피커를 설치했다. 바닥의 카펫들을 정리하고 전에 잡다하게 담겨 있던 아이들 장난감들을 모두 치워냈다.

이미 거기 있던 소파는 위치를 편안한 동선과 아울리게 배치했고 새로이 쿠션들도 몇 개를 사서 갖다 놓았다. 조명도 전체를 비추는 천장의 등 대신에 부분만을 비추는 자그마한 스탠드 몇 개를 사서 배치했다.

그리고 이사를 몇 번씩 하느라 아무렇게나 쌓여 있던 책들을 책장과 함께 다시 정리했다. 제법 많아 두 개가 넘는 책장에 가득 책이 들어가 앉게 되었다. 이렇게 만들어진 공간에 페이스북 친구의 도움을 받아 '昨惜哉(오서재)'란 이름도 붙였다.

이 일은 나 스스로만의 시간을 찾는 첫 발걸음이 되었다. 전에는 아침, 저녁 명상을 하게 되면 아내의 움직임이 신경 쓰였지만 여기선 그럴 필요가 없었다. 아무 때나 내가 편안한 시간에 그냥 눈을 감고 호흡을 가다듬으면 되었다.

아무에게도 방해받지 않는, 내가 오롯이 존재하는 공간이 태어난 것이다. 처음에는 이걸 만들고도 여전히 아내에게 미안했다. 아내 혼자만 있게 놔둬야 함이 마음에 걸렸던 것이다. 그러나 의외로 아내는 얼굴이 밝았다. 자신도 혼자 위층에서 원하는 일들이나 채널들을 마음대로 볼 수 있음을 즐거워하는 듯 보였다.

생각해보니 내가 아내한테 함께 있어준다고는 했지만 사실 그건 아내에게 계속 남편이라는 존재를 생각하게 하는 일이었다. 남편이 눈에 안 보여야 그녀도 비로소 혼자 쉴 수 있는 시간이 되는 것임을 어렴풋이 깨닫게 되었다. 내게 나만의 시공간이 필요하듯이 그녀에게도 그랬을 것이다. 눈치를 보면 아내가 나만의 공간에 들어가게 되면서 내가 많이 평안해 한다는 생각을 하는 것 같다.

이 나만의 동굴, '오서재'에 들어가면서 음악 감상, 명상과 함께 독서들, 그리고 글쓰기가 활발해졌다. 버킷리스트들이 다시 정리되었다. 가장 획기적인 일은 최근 나에게 좋은 통찰력을 준 네빌 고다드의 책들을 읽는 과정으로 인해 마침내 내게 책을 쓰게 되는 전기를 만들어주었다.

네빌 고다드를 읽으면서 여러 동영상을 검색하다가 〈한책협〉을 만나게 되었고 그곳의 리더인 김태광 대표 코치에까지 연결되는 마법 같은 일이 내게 일어나게 되었다. 그러고는 불과 몇 개월 만에 그의 도움으로 책을 몇 권 쓰게 되었다.

'책을 쓰다니…. 이 얼마나 멋진 일인가!'

전부터 메모해놓은 내용과 그간의 내가 경험했던 삶을 어디선가 나눠보고 싶어 책 쓰기를 알아보고 있었는데 마땅한 곳을 알지를 못하다가 네빌의 개념들이 나를 여기까지 연결해준 것이다.

책들을 쓰면서 나는 나의 과거와 많은 화해를 하고 있다. 이런 화해는 진정한 나의 행복을 찾는 노력에 꼭 필요한 것들이었다. 과거 어릴 때부터 오랫동안 내 안에 쌓였던 비교의식, 열등감, 낮은 존재감들은 회복이 안 되면 계속 나의 남은 삶에 그런 실패들이 반복해서 나타날 수밖에 없을 것이다.

나를 가장 빛나게 만드는 사람은 나 자신뿐이다

이제 이렇게 책을 쓰는 일은 그간 메모로 풀어내던 나의 마음들이 더 나아가 책이라는 가시화된 모습으로 더 많이 나타나게 되는 것이다. 이런 복은 내가 스스로 빛나게 되는 가장 강력한 도구가 될 것이다.

나를 가장 빛나게 만드는 사람은 나 자신뿐이다

자신의 과거와 경쟁하는 것은
적을 만들지 않고 스스로 나아지는 방식이다.
– 구본형

5장_나를 가장 빛나게 만드는 사람은 나 자신뿐이다

오늘부터 나를 주인공으로 생각하라

우리는 살면서 많은 허상에 가려져 살고 있다. 그중 가장 큰 허상은 두려움이 아닐까? 두려움은 감정을 조정해 근거 없이 실제의 문제보다 훨씬 크게 보이게 만들어 사람들을 패닉으로 몰아넣는다.

내 서재의 한구석에는 조그마한 빈 구두 상자가 하나 놓여 있다. 이 상자의 사면을 테이프로 막아 밀봉을 했다. 그리고 측면에는 조그마한 원형 구멍 하나를 만들어놓았다.

마음에 어떤 걱정이나 속상함, 또는 두려움이 일어나면 그 내용을 날짜와 함께 적어서 그 안에 넣는다. 그 상자를 만들 즈음엔 제법 염려가 되는 걱정거리가 있었기 때문이다. 그 상자는 앞으로 1년 후쯤 열어보게 될 것이다.

상자를 준비하면서 원칙을 정했다. 걱정이나 근심거리가 생기면 즉시 그 내용을 적어 넣고 비록 쉽지는 않겠지만 그에 대한 걱정을 잊기로 한다. 그리고 그에 관한 내용이나 염려를 입 밖으로 내지 않기로 한다. 바로 내 안의 허상들을 확인하기 위한 시도이다.

우리 안에는 우리 자신을 얼마든지 반짝반짝 빛나게 할 만한 장점들이 많음에도 불구하고 사소한 염려들로 삶을 지옥같이 만들어놓는다. 그리고 그게 당연한 듯 사는 게 오늘날 우리들의 모습이다. 그러나 이건 정당하지 않다.

세상이 우리한테 뭐라 하든 그들도 우리와 다르지 않은 좌절 가운데 힘든 시간을 보내고 있는지도 모른다. 그래서 그걸 우리에게 하소연하고 있는 건지 누가 아는가? 중요한 것은 우리까지 그들의 힘든 감정에 휘말릴 이유가 없다는 것이다.

오늘부터 당장 이런 삶을 살지 않겠다고 마음만 먹어도 많은 것이 달라질 수 있다. 어차피 세상은 내가 마음먹은 대로 그 모습을 내게 보여주기 때문이다. 그리고 그런 시도는 생각보다 빠른 결과를 가져다줄 것이다. 그것을 아주 놀라운 사실로 체험하게 될 것임을 확신한다.

에필로그

비록 골프채에 얻어맞아 티를 떠난 공이지만 날아가면서 보게 될 푸른 하늘과 경치는 골프 공 자신밖에 볼 수 없는 세상이다. 또다시 얻어맞을 것을 걱정하기보다는 남의 힘으로 날아다니면서도 남들이 볼 수 없는 아름답고 푸른 세상을 즐기는 독자들이 되었으면 하는 바람을 가져본다.

이 책을 쓰면서 나 자신이 나름 힘들어했던 것들을 가능한 예로써 들어보려 했다. 혹자에게 그런 것들이 간접 경험으로 삶의 지혜를 배우는 기회가 되었으면 하는 희망도 품어본다.

"내 생각의 관점을 조금만 바꾸면 이미 전혀 다른 긍정의 세계가 열려 있는 것을 발견할 것이다."

나를 가장 빛나게 만드는 사람은 나 자신뿐이다

275

참고문헌

1. 『미움받을 용기』, 기시미 이치로 · 고가 후미타케, 전경아 옮김, 인플루엔셜, 2014년

2. 『관점을 디자인하라』, 박용후, 쌤앤파커스, 2018년

3. 『타인의 시선을 의식해 힘든 나에게』, 글배우, 21세기북스, 2019년

4. 『자신감 수업』, 수전 제퍼스, 노혜숙 옮김, 마인드빌딩, 2019년

5. 『메모의 힘』, 유근용, 한국경제신문사, 2017년

6. 『돈의 신에게 사랑받는 3줄의 마법』, 후지모토 사키코, 정세영 역, 앵글북스, 2018년

7. 『감사가 내 인생의 답이다』, 전광, 생명의 말씀사, 2016년

8. 『끝까지 해내는 힘』, 나카무라 슈지, 김윤경 옮김, 비즈니스북스, 2015년

9. 『상처받을 용기』, 이승민 지음, 위즈덤하우스, 2014년

10. 『감정, 멈추고 들여다보기』, 유영희, 위닝북스, 2016년

11. 『리액트』, 네빌 고다드, 이상민 역, 서른세개의계단, 2020년

12. 『언제나 길은 있다』, 오프라 윈프리 지음, 안현모 옮김, 한국경제신문, 2020년

13. 『이유 없이 행복하라』, 마시 시모프 · 캐럴 클라인 지음, 안진환 옮김, 황금가지, 2014년

14. 『부자의 행동습관』, 사이토 히토리, 이지수 옮김, 다산북스, 2019년

15. 『부자의 인간관계』, 사이토 히토리, 김지영 옮김, 다산3.0, 2015년

16. 『그릇』, 사이토 히토리 · 사비무라 에미코, 서라미 옮김, 21세기북스, 2013년

나를 가장 빛나게 만드는 사람은 나 자신뿐이다

17. 『행복을 풀다』, 모 가댓, 강주헌 옮김, 한국경제신문사, 2017년

18. 『Being in Balance』, Dyer, Wayne W., Hay House, 2007년

19. 『해피니스 트랙』, 에마 세팔라, 이수경 옮김, 한국경제신문사, 2017년

20. 『버킷리스트 24』, 맹경숙 외, 위닝북스, 2020년

21. 『나는 눈치 보지 않고 당당하게 살기로 했다』, 강상구, 메이트북스, 2018년
    년

22. 『잠재의식의 힘』, 조셉 머피 지음, 김미옥 옮김, 미래지식, 2011년

23. 『커피 한 잔의 명상으로 10억을 번 사람들』, 오시마 준이치, 박운용 옮김,
    나라원, 2019년

24. 『여기가 끝이 아니다』, 린 그라본, 이순영 옮김, 현대미디어, 2011년

25. 『나는 이렇게 될 것이다』, 구본형, 김영사, 2013년

26. 『블링크』, 말콤 글래드웰 지음, 이무열 옮김, 김영사, 2020년

27. 『불평 멈추기』, 살보 노에 지음, 이창욱 옮김, 바오로딸, 2020년

28. 『어른이 된다는 건』, 요시모토 바나나, 김난주 옮김, 민음사, 2015년

29. 『신과 나눈 이야기』, 닐 도날드 월쉬, 조경숙 옮김, 아름드리미디어, 2019
    년

30. 『심리학이 서른 살에게 답하다』, 김혜남, 걷는나무, 2009년

31. 『종이 위의 기적, 쓰면 이루어진다』, 헨리에트 앤 클라우저, 안기순 옮김,
    한언, 2016년

32. 『100억 부자 생각의 비밀 필사 노트』, 김도사, 위닝북스, 2020년

오늘부터 당장 고통스러운 삶을 살지 않겠다고 마음만 먹어도
많은 것이 달라질 수 있다.
어차피 세상은 내가 마음먹은 대로 그 모습을
내게 보여주기 때문이다.